孙子兵法的故事

张 军◎著

长江出版传媒 长江文艺出版社

图书在版编目（CIP）数据

孙子兵法的故事 / 张军著. -- 武汉 ： 长江文艺出
版社，2025. 3. --（百读不厌的经典故事）. -- ISBN
978-7-5702-3808-8

Ⅰ．E892.25-49

中国国家版本馆 CIP 数据核字第 20241KP427 号

孙子兵法的故事
SUNZI BINGFA DE GUSHI

责任编辑：余慧莹　　　　　　　　责任校对：程华清
封面插画：陈全胜　　　　　　　　内文插画：小皮猴
封面设计：胡冰倩　　　　　　　　责任印制：邱　莉　胡丽平

出版：长江出版传媒／长江文艺出版社
地址：武汉市雄楚大街 268 号　　　　邮编：430070
发行：长江文艺出版社
http://www.cjlap.com
印刷：湖北新华印务有限公司

开本：710 毫米×1000 毫米　　1/16　　　印张：10.25
版次：2025 年 3 月第 1 版　　　　2025 年 3 月第 1 次印刷
字数：151 千字

定价：28.00 元

自　序

这是一部用历史故事来诠释、解读《孙子兵法》智慧与谋略的书。

在人类几千年的文明发展史中，其实"不文明"的时间并不占少数。这个"不文明"，还不是指随地吐痰、大小便、乱扔垃圾之类的"雅坏"，而是指伤及性命、毁坏财物、危及国家生死存亡的野蛮"恶行"。这种"恶行"，小至个人之间的争斗、戕害，中及国家内部族群、集团的战争、杀戮，大到国家之间的军事行动、荼毒生灵。可以说，这些"恶行"几乎无时不有、无处不在。

即如农业生产产生农学一样，军事行动也催生了兵学——也就是古人所说的"兵法"。中国人生性平和，向来是不会轻启战端的。但春秋时期礼崩乐坏，周天子威权衰落，诸侯国各逞强力，于是为了土地、城池，为了人口、水源，为了女色、金玉，为了称雄、做老大，一国之内族群之间争权夺利、杀伐不断，国与国之间更是流血漂橹、征战频仍。于是，《孙子兵法》应运而生。它从战略规划到战术安排，从地形地势到心理预判，从后勤保障到用"间"设伏等，大凡涉及战争规律和人的心理活动等诸多方面的内容，都在书中有所体现。作者孙武对战争的深刻理解和对如何取胜于战的精妙见解，汇集成了中国古代战争的最高智慧。难怪《孙子兵法》被奉为中国的"兵学圣典"和"古代第一兵书"。

可实际上，《孙子兵法》的高明，还不仅仅在于军事谋略方面给战争双方以指导，更在于哲学思维上启人心智、给人以启迪。具体来说，是在它还可应用于国家管理、企业运营及个人生活的宏观、微观谋划上。

时下白云苍狗、世局日新，无论是国家、企业，还是个人，都面临着前所未有的复杂挑战，如何应对这些不确定不期然的挑战，是社会各层面不免要切实思考的大事。《孙子兵法》在视野上强调全局性思维，在具象上突出联系性思维，在静止中阐明发展性思维，在揆理上凸显矛盾性思维，在行动上把握实践性思维，体现出极高的谋略与智慧。这些智慧或是人们日用而不觉的哲理，或是大家知而不识的原则，不少人或无知无觉，或知而不觉，或觉而难言，或言而难尽。但《孙子兵法》不同，它言之甚明，述之甚详，析之甚深，既有道，又有术，可谓高屋建瓴，智周万"理"。历代先贤哲人，之所以推崇《孙子兵法》，并不遗余力地诠释《孙子兵法》，将其智慧运用于军事、政治、经济以及个人经历上，就像是入铜山而采无竭，铸铜钱而用不尽，实在是这部著作奥妙无穷、智慧无限所致。

现在呈现在大家面前的这本书，是我用讲故事的形式，来释证这部经典著作智慧的作品。全书体量并不大，也算是我在今天这个快阅读的时代，用这种短文的方式，向这部经典著作行注目礼吧！

也许有人要问，为什么你向它行的是"注目礼"，而不是表达"致敬"之类的恭词呢？问得有理。之所以这么来说，还是有着一番自我考量的。

这考量归结为一句话就是：尽管我们谈论的是残酷的战争，但我还是希望在那些血淋淋冷冰冰的残暴"恶行"中，仍然不失人性之光，起码还有一点道义可言、规矩可守。

春秋之前，由于《周礼》等订立了完备的礼仪制度，官民教化也深入人心，因而讲"礼"已成为全社会共同遵守的原则，婚丧嫁娶、起居行止皆有一定的规矩；即便是战争，也还是有着双方约定的"成法"的。比如战争讲究师出有名，交战之前，需要提前下战书，并且战书的用词谦虚恭敬；再比如敌军战阵没有摆好，对方不得击鼓进军，双方的战阵排好后，才可开始战斗；还比如不攻击未准备之敌，即敌军如果正在渡河、进食、撤退等，尚未做好战斗准备，我方不得发起攻击，必须等敌军准备好后再战。此外，"不重伤"，即不再攻击已受伤的敌人，不滥杀无辜；"不禽二毛"，即不能俘虏有白头发的战士——有白发说明年纪已老，必须把他放走，等等。这些规矩在今天的人看来不仅是迂腐，简直是形同"蠢猪"的了。说实话，我也并不完全认同其中的所有观点，但这里体现出的"君子之风"，体现出的公平、仁义原则，体现出的不以阴谋诡计取胜，而以堂堂正正的战斗来决定胜负的"规矩"意识，却是令人欣赏的。

但是到了战国时期，由于《孙子兵法》之类军事思想的影响，这些战场上的规矩逐渐被残酷的现实所淘汰，战争变得更加激烈和不择手段了。《孙子兵法》强调军事行动的重要性，说"兵者，国之大事，生死之道，不可不察"，告诫人们要"慎战"，这没有错；但其申述的"兵者，诡道也"思想，导致战争极端残酷、不讲诚信、为达成目标不择手段等观点，极大地影响了官方对战争的态度及民间对战争的认识，扭曲了人们的价值观。可以说，自《孙子兵法》等军事著作问世以后，那种不讲道义、目标至上的价值观很快就成为战争双方认同的战争观，这种战争观进而潜移默化地影响到民间的认知。所谓"成王败寇""笑贫不笑娼"等对权力、财富的绝对崇拜，也就成了全社会普遍接受的价值观。

基于这些认识，当初我在动笔写作，与好友张青教授、张功教授谈论选择战例、释读原文的原则时，他们力主要考虑阅读对象情况，戒用那些不讲诚信、不讲基本道义的战例，以免误导孩子、给孩子以错误的价值观。两位教授都是充满良知的学者，他们的话正契合我的心意。成年人的战争我们无法阻止，但未成年人对待战争的态度、对待战场上人和物的行为，却是我们可以通过教育加以引导、塑造的。正因如此，我在选用战例时，是颇为审慎的，也是颇费思量的。当然，具体允当与否，还有待读者诸君品评。

还需要补充的一点就是，尽管写的是战争，但我是坚决反对战争、终生追求和平的。只有有了和平，人类才能发展，才有幸福，地球这个人类共有的家园，才会越来越美丽，越来越值得人们留恋。相信读到这本书的朋友，与我亦心有戚戚焉。

是为序。

2024 年 9 月 19 日

目录

第一：计篇

不要轻易发动战争

原 文

孙子曰：兵①者，国之大事②，死生之地，存亡之道，不可不察③也。

注 释

①兵：本义为兵械。《说文》云："兵，械也。"意为作战所用之器械，后引申为兵士、军队、战争等。此处指战争。

②国之大事：国家的重大事务。

③察：考察，分析、研判。

译 文

孙子说，战争是国家的大事，是事关军民生死、国家存亡的大问题，不可不慎重考察研判。

✹ 解 读 ✹

人类自有国家观念以来，战争便是国家的重大事务。它关系着军民的生死、国家的存亡，因而不能不予之全面考察、细致分析、慎重研判。"慎战"，这是《孙子兵法》统领全篇的战略思想。这一思想告诉我们，国家安全是头等要事，没有国家安全，便没有生活的安宁、生命的保障；而战争作为主导国家安危的主要方式，胜之则安、败之则危，所以不能不慎重对待；切忌轻率发动战争。历史上，"国虽大"①，好战而亡者，不可胜数。这方面的教训不可谓不深刻。

战例分析 （故事链接）：

苻坚贸然发动的一场战争，让前秦土崩瓦解

苻坚何许人也？他是南北朝时期北方前秦国的皇帝，氐族人。虽说出身少数民族，但他受过严格的儒家文化教育，博学多能、胸怀大志。当时北方战乱频仍，匈奴、鲜卑、羯、氐、羌等族趁势杀入，劫掠抢烧，建立政权，中原大地上出现了"五胡乱华"的混乱局面。苻坚有意结束战乱、一统天下，他的身边，聚集着吕婆楼、强汪、梁平老、薛赞、权翼等诸多俊彦，时刻准备着为他所用。

在这批槃槃大才中，王猛的识见最令人敬服。王猛字景略，北海剧县②人，其学问渊博，性格沉毅，气度雄远；对于浮浪庸俗之人，他根本不拿正眼相看。苻坚闻其名，约他见面，相谈之后，大为惊

---

① 出自春秋时军事著作《司马法》之句，相传该著作为姜太公所撰。
② 今山东省寿光市。

异。苻坚发现王猛的高远志向及其对时势的透彻分析，甚合己心，还以刘备遇见诸葛亮来比喻他们的相见相识。王猛遂为苻坚所用。

这样，在王猛等人的辅佐下，苻坚内修法度，外强武备；惩治豪强，倡导良善；破除门第，起用人才；尊儒奉孔，遍施教化；融合胡汉，和谐民族；大兴水利，广筑道路。关陇地区，因此社会安定、百姓富足。自长安至各州的道路，宽广畅达；路旁槐柳，茁壮齐整；路上二十里设亭，四十里设驿，商者贩运货物，行者奔波于途，饮食住宿都有保障，商贸旅行、农业生产因此大增，前秦国势日渐强盛。

不久，苻坚对外发动了系列战争。到王猛去世前，他们已击败羌族首领敛岐的武装，打退晋朝①权臣桓温的队伍，俘虏前燕皇帝慕容暐，俘获前凉重要将领阴据，前凉皇帝张天锡为此惶惶不可终日。

只可惜此时王猛忠心国事，忧劳成疾，最终病入膏肓，卧床不起了。临终前，王猛对前来探视的苻坚说："晋朝虽然处在偏僻的吴、越之地，但是传承正统，仁爱百姓、亲爱友邻，这是国家难得的财富呀！我去世之后，希望不要图谋晋朝。鲜卑人、羌人，终究会成为我们的祸患，应该逐渐清除他们，以利社稷稳固。"苻坚听罢，悲恸不已。后来在灵堂上，他抚棺流泪，对太子苻宏说："这是老天不让我统一天下啊，不然怎么这么早要了景略的命呢？"

然而，以前对王猛言听计从的苻坚，在王猛死后收降了前凉和代国、统一北方之后，很快就置王猛的遗言于脑后，开始打起了晋朝的主意。

太元八年②，苻坚决心攻打江东晋朝，为此他日思夜想，常常睡不到天亮就醒了。其弟阳平公苻融劝谏说："'知道满足就不会感到耻

---

① 东晋，下同。
② 公元 383 年。

辱，适可而止就不会出现危险。'自古以来，穷兵黩武者没有不灭亡的。"

符坚气咻咻地说："帝王更替之道，哪有一成不变的呢，只看道德在哪里。你之所以不如我，毛病就在于不知通权达变呀！"

符坚的内心已经膨胀自大了。

这一年的七月，他下达诏书，大举进攻东晋。诏令要求百姓中每十个成年男丁选派一人充军；良家子弟中年龄在二十岁以下，有才能勇气的，都授羽林郎一职。又说："打败东晋后，朝廷将任命司马昌明①为尚书左仆射，谢安为吏部尚书，桓冲为侍中；照此形势，距我们凯旋已为时不远，可以事先为他们起造府第。"

符坚此举，遭到了朝臣中多数人的反对，赞成的只有那些良家子弟以及慕容垂、姚苌等几个大臣。

良家子弟支持出兵好理解，因为有了这场战争，才有他们羽林郎的官职，才有他们晋升的机会。那慕容垂和姚苌为什么赞成进军呢？原来慕容垂本是前燕吴王，因战功显赫而遭兄长慕容评的排挤，不得已才带着几个儿子投奔前秦的。对这么一个才高志远、暂屈人下的桀骜之人，王猛看得一清二楚，他曾规劝符坚说，慕容垂父子"譬如龙虎，非可驯之物"，应该找机会除掉他们才是。可是符坚向来对降顺之人奉行儒家"恕"道，十分宽容。因而他对王猛说："我正以仁义招纳四方英豪，以建立不朽功业。况且他刚来时，我曾向他表明会以诚相待，现在若是杀了他，别人会怎么说我呢？"王猛无言以对。结果，慕容垂不仅没被杀，反而被符坚封为冠军将军。

姚苌也是胸怀大志的枭雄，其父姚弋仲为羌族首领，其兄姚襄为并州刺史。姚襄在与前秦作战中被杀，姚苌被俘，投降前秦。对于这

---

① 东晋皇帝。

个有着杀兄之仇的降敌，符坚同样想以仁义之道来感化他，授他扬武将军、宁州刺史等职，多次让他带兵打仗，甚至还让他率部参加翦灭自己母国前凉的战斗。对这份宽厚和信任，姚苌并不领情，他的心中记住的只是杀兄灭国的深仇。他之所以隐忍听令，只是为了活下去，以待机而动、东山再起。

然而可悲的是，符坚全然沉浸在打败东晋、一统天下的迷梦之中，对这场战争形势并没有做战略考量，对前秦国内存在的民族矛盾并没有清醒认识。他理想地认为，凭着他一统北方的豪气和招纳各国降卒而组成的近百万大军，便可一举让东晋俯首称臣。殊不知前秦国内早已危机四伏，殊不知他身边早就埋伏着像慕容垂、姚苌以及东晋降将朱序等二心之人，他们随时伺机给他致命一击。

如果说不察尚可理解的话，似乎王猛去世后，他还听不进别的任何人的逆耳忠言，这就让人难以谅解了。其弟阳平公符融上次谏言不被采纳后，很是郁闷。这次见慕容垂、姚苌力主出兵，他忧心如焚。待群臣退朝后，他独自留下，再次流泪劝谏道：前秦"连年征战，兵疲将倦，已产生了怯战情绪"，此时再兴师动众，"一定是无功而返"。他进一步说："战败事小，鲜卑、羌、羯等少数民族遍布京畿，被灭诸国贼心不死，随时可能死灰复燃，这都是前秦的心腹之患、我们符家的仇敌呀！"他还搬出王猛说，"王景略是拥有奇谋之人，陛下常比拟他为诸葛孔明，他临终时说的话不能忘了哇！"

可符坚像是吃了秤砣似的，铁了心要劳师南进。符融只好抹着眼泪走出了宫门。

八月初九日，符坚在长安发兵政晋。全军步兵六十多万，骑兵二十七万，旗鼓相望，声势浩大，前后延绵一千余里，历史上著名的淝水之战就此打响。这场战争的结果想必大家都很清楚：前秦足可投鞭断流的八十七万大军被东晋八万军队打得落荒而逃，就连八公山上的秋风声、鹤鸣声，都让他们以为是遇上了伏兵，一个个吓得胆战心惊、撒腿狂奔。苻融也在混乱中被晋军杀死。

苻坚在逃跑的过程中被流矢射中，他乘坐的云母车也被晋军缴获。可怜一代雄主最终单骑逃到淮北，才慢慢缓过气来，收拾残兵回到长安。

当然，经此一战，前秦元气尽失，不久便土崩瓦解了。随后两年的情况就如王猛和苻融预料的那样，鲜卑族、羌族及丁零、乌桓等部族趁着前秦兵败之际，纷纷反叛自立，拥兵割据。慕容垂则东渡黄河，潜回前燕故地，网罗旧部，图谋大业；他的几个儿子也遥相呼应，招兵买马，一时间，竟组织了一支二十多万人的武装，多次打败前秦军队，几乎恢复了前燕的属地。东晋孝武帝太元十一年①正月，慕容垂称帝，史称后燕。

公元 384 年，就在慕容垂举起反抗前秦大旗之时，其侄子、原平阳太守慕容冲也在平阴起兵进攻前秦军队。姚苌参与前秦军事谋划，不力，致使前秦兵败，苻坚儿子苻睿战死。他害怕苻坚怪罪，遂逃奔渭北，得到西羌豪族的拥戴，建立后秦政权。次年派兵围擒苻坚，缢杀苻坚于新平佛寺中。公元 386 年，姚苌带兵入据长安，正式称帝。

至此，北方又陷入四分五裂、割据混战的局面。

---

① 公元 386 年。

要认真分析战争双方的情势

故经^①之以五事，校之以计，而索其情^②：一曰道，二曰天，三曰地，四曰将，五曰法。

道者，令民与上同意者，可与之死，可与之生，而不畏危也；

天者，阴阳^③、寒暑、时制^④也；

地者，高下、远近、险易、广狭、死生也；

将者，智、信、仁、勇、严也；

法者，曲制^⑤、官道^⑥、主用^⑦也。

凡此五者，将莫不闻，知之者胜，不知之者不胜。故校之以计，而索其情，曰：主孰有道？将孰有能？天地孰得？法令孰行？兵众孰强？士卒孰练？赏罚孰明？吾以此知胜负矣。

◦ 注 释 ◦

①经：《说文》云："经，织也。"本指织物上的经线，与纬线相对。此处做动词，可引申为考量、分析。

②校之以计，而索其情："校"与上文"经"同义，指比较、分析；计，本指筹码，此处指下文"主孰有道"等七个方面；索，意思是考虑，获取；情，指战争中的敌我双方形势。

③阴阳：此处指阴晴、昼夜等。

④时制：时令季节。

⑤曲制：曲，部曲，古时军队编制；制，制度、规定。指关于军队编制的规定。

⑥官道：道与上文"制"义同。指关于军队各级官佐职责权限的规定。

⑦主用：指军需物资供应管理制度。

◦ 译 文 ◦

所以，要从敌我双方五个方面的情况进行分析，比较其七个方面的条件，以得到战争胜败的情势。一是道义，二是天时，三是地利，四是将领，五是法规编制。所谓道义，就是让民众与君主目标相同、意志统一，可以同生共死而不惧危险；所谓天时，是指昼夜、阴暗、寒冷、酷暑，四时更迭；所谓地利，是指战地的远近、地势的险峻与平坦、战场的广阔与逼仄、地形的生地与死地；所谓将领，是指统兵者要足智多谋、赏罚有信、关爱部下、勇敢果决、执纪严明；所谓法规编制，是指军队的编制、对各级军官的管理、军需物资的调配。但凡这五个方面的情况，将领们当不能不加以了解，知悉它们就能够打胜仗，不知悉它们就要吃败仗。因而比较战争双方七个方面的条件，就可以获得对战争情势的认识：哪一方君主占有道义？哪一方将领更有才能？哪一方据有天时地利？哪一方法令得到更好的执行？哪一方装备更精良，兵员更广，资源更多？哪一方士卒更加训练有素？哪一方赏罚更加严明？据此，我就可以预判谁胜谁负了。

◉ 解 读 ◉

战端不可轻启。如若不得不启，则需思虑周全，运筹充分，多方比较：道义人心在哪一方？天时地利谁更占优？将领素质谁更高？组织保障谁更有利？这样反复分析、推演之后，战争胜负的端倪也就不难看出了。做出战争的决策如此，制定其他的大政方针，甚至人生的重要抉择，又何尝不是如此呢？古人云，"三思而后行"，说的就是这个道理。

战例分析 （故事链接）：

"三思"而后战——武王伐纣两次的原因

殷商晚期，天子帝乙去世，他的小儿子帝辛因系嫡妻所出，依宗法传统继位。帝辛名受，或曰"纣"，子姓，世称"商纣王"。

按说，商纣王是智勇兼具，颇有条件的。《史记》上说，他辩才无碍，行动快捷，智足以拒谏，语足以饰非，力足以搏兽。这些天资要是用在治国理政上，那真可以说是商代百姓的幸事。

可事与愿违，天分高，也让他自视甚高，认为天下没有谁比他更高明、更能干的了。他贪财敛赋，钱库鹿台的钱被装得满满的，粮仓钜桥的粮食也快装不下了，他还不满足；他沉迷玩乐，各种走狗奔马，奇珍异物，填满了宫室庭院，他还在沙丘扩建园林，大养飞禽走兽；他借酒寻欢，招徕大批唱戏的、作乐的，筑池装酒，悬肉为林；他嗜好女色，尤其宠爱妲己，国事都听凭她的主意。他还征伐不断，十次对"夷方"发起军事行动，极大地耗费了国力。国内百姓，甚至一些诸侯都对他怨声载道。他不知改过，反而设置一种叫作"炮烙"① 的酷刑来镇压异己。

他也想在政治上做一些改革，比如打破血缘世袭制，将周国②国君姬昌、鄂国③国君鄂侯④、鬼方国⑤国君鬼侯⑥这几个贤人选拔到中央来当三公，帮助他处理政事。这本来是一件好事，但他的顽劣本性却让他容不下贤人当政。

姬昌看清了纣王的荒淫残暴，立志要推翻纣王的统治。他回到封地周国后，内修政治，施行仁政，重视礼乐，鼓励生产，国力日益增强；外则扩张，不断发动战争，先后灭了黎、邘、崇等国，扩充国势，为周灭商积蓄着能量。

姬昌去世后，其子姬发继位，是为周武王。周武王承继了他父亲仁爱亲民的作风，又任用了一批贤才，如太公望做太师、周公旦等做辅相，且对外友善，周国因此成为诸侯国中最有影响力的国家。

---

① 《史记·殷本纪》曰："于是纣乃重刑辟，有炮烙之法，炊炭其下，使罪人步其上。"《列女传》释曰："膏铜柱，下加之炭，令有罪者行焉，辄堕炭中"，名曰"炮烙之刑"。即以油膏浇铜柱，堆炭架烧之，令人行走其上，以致落火被焚亡。

② 今甘肃天水、陕西宝鸡一带。

③ 今河南沁阳一带。

④ 又称邘侯。

⑤ 今陕西、山西交界处。

⑥ 或称九侯。

约在公元前 1048 年，也就是姬发即位第九年，为检验周国的军事实力和周对诸侯国的号召力，试探各诸侯国对讨伐商纣王的反应，周武王宣布出兵伐商。他的军队从首都镐京①出发，一路向东，沿途不断有诸侯加入进来，一些诸侯因故不能前来，就派自己的司空、司徒、司马等高官率部前来。及至孟津时，共有 800 个诸侯齐聚在周军的旗帜下。周武王很欣慰，他在诸侯大会上宣誓说："我虽无知，但我的先祖却有德行。我继承了先祖的功业，将竭尽所能完善各项制度，抚慰百姓，以完成祖先的事业。"诸侯听罢，都纷纷响应，表示要一起去讨伐商纣王。

太公望还向大家发布命令道："召集你们的甲士，跟着武王出发，落伍者杀无赦！"

大军渡过黄河后，浩浩荡荡地向商都朝歌②进发。一天傍晚，部队安营扎寨歇息时，一团大火从天而降，直落到武王的军帐上，还不停地转动，最后变成一只赤红的乌鸦，凄厉地长鸣着飞走了。看到的人都惊呆了。武王认为，此为不祥喻示。他本为试探各诸侯国对伐商的态度而出兵，现在目的达到了，又遇上这等不吉利之事，怕影响军心，当赶快撤军为上。于是，他对众诸侯讲："此乃天命，现在还不是讨伐商纣王的时候。"众诸侯见周武王这么一说，全都听令回到了属地。

这之后，纣王更加暴虐无道。大臣微子启，也是纣王的同父异母兄长，见国事日非，便多次劝谏纣王。可纣王哪里听得进去！微子知道纣王的凶狠，为了保命，就干脆逃离了商国。大臣比干，也是纣王的叔叔，不赞成微子的做法。他说："给人家做臣子，当拼死谏争。"

---

① 在今西安附近。

② 今河南淇县。

结果纣王一怒之下，将他剜心剖腹了。纣王的另一个大臣箕子，也是他的叔叔，见此情形害怕不已，就装疯卖傻，给人做奴隶，以此避祸。结果纣王还是不放过他，把他抓起来囚禁了。微子、比干、箕子号为当朝"三仁"，这三个人的境遇，表明商的统治上层彻底分崩离析了，商纣王也彻底寒了天下人心。商的太师、少师干脆拿着祭器、乐器，逃到了周国。

见商纣王已众叛亲离，讨伐其的各种条件已经成熟，周武王通盘考虑后遍告诸侯说："商王罪孽深重，不可不合力讨伐他！"于是，他率战车300辆，猛士3000人，穿戴甲胄的战士45000人，向东进发。约在公元前1047年12月戊午日，周国军队从盟津（孟津）渡过黄河，诸侯的军队也纷纷到来响应。面对众多诸侯，周武王作《泰①誓》，说："商纣王听信妇人之言，自绝于天下。如今，他远离天、地、人的正道，杀害他的兄弟，又毁弃他祖传的音乐，以淫声来讨好妇人。我姬发现在是代表老天来讨伐他，各位一起努力吧！此行只能一战而胜，不可能有第二次，更不可能有第三次了！"众诸侯听罢，群情振奋。

不久，周国联军到达商都朝歌附近的牧野。商国当时刚刚征讨完夷方，抓了不少俘虏。看见周国联军人多势众，饥不择食的商纣王立即令人将俘虏编组成军，派往前线，商军数量一下子达到七十万之众。

周武王十二年二月甲子日②的清晨，周武王面对联军，做了阵前宣誓：他列举了商纣王听信妇言、不祭祖先、任用奸佞、排斥忠良、虐待百姓、残害亲人等种种罪行，呼吁联军顺应天命讨伐商纣王，努

---

① 泰，大，多也。
② 约公元前1046年1月20日。

力作战，打败共同的敌人。

战争就这样打响了。出人意料的是，纣王手下的军队虽号称有七十万，但大家对这个暴君早已痛恨在心，那些俘虏改造过来的军队更不愿为其卖力，因而两军一接触，纣王的军队即阵前倒戈，掉转方向，进击纣王。纣王大惊，逃回朝歌，换上他的宝玉锦衣，登上鹿台，自焚而死。

众诸侯和部落首领拥戴周武王为天子。周取代商，开启了一个新王朝的历史。

疑人不用，用人不疑

将①听吾计，用之必胜，留之；将不听吾计，用之必败，去之。

注 释

①将：jiāng，意为假设，如果。

译 文

如果能听从我的谋划，任命我带兵作战必能取胜，我就留下；假如不能听从我的谋划，即使任命我为统帅，也一定会失败，我不如离去。

解 读

千百年来，将与帅之间的关系，一直是人们谈论的重要话题。那他们到底应该处于怎样的状态才能更好地发挥作用呢？从齐景公与司马穰苴的关系来看，将服从于帅的指令，这是一个前提，是硬币的一面，是维系将帅关系的基础；而帅对将的充分信任，又是硬币的另一面。这种信任包含多层含义，既有帅对将的智、信、仁、勇、严的充分了解，也有帅对将的独立指挥、办事处事能力的充分相信，还有帅对将的"将在外，君命有所不受"的包容。没有这份十足的信任，帅就不会放心地将一国的军队交到将的手里；即便交了，也会设法掣肘、牵制，到头来，那就不是将帅"和"的问题，而是种下将帅"恶"的因了。这种事例，古往今来，不胜枚举。所以说，"疑人不用，用人不疑"，当是领导和下属之间相处的上好模式。

战例分析 （故事链接）：

没有齐景公的信任，便没有"司马"穰苴

司马穰苴是春秋时期的齐国人，本姓田，名穰苴，因为为齐国打过一仗，并且这一仗挽救了齐国命运，因此声名大振，长期在齐国担任司马一职，后人遂称之司马穰苴。

他怎么打的这一仗呢？这要从他的出身说起。

田姓虽是齐国望族，但因司马穰苴的母亲系妃妾之身，地位不高，儿子跟着也受歧视。好在司马穰苴人极聪慧，学经文、习兵法，样样皆通。

齐景公①时，晋国和燕国联合攻打齐国，晋国主攻齐之阿②、

---

① 公元前 547 年—公元前 490 年。
② 今山东东阿。

甄①，燕国主攻齐之河上地区②，形势十分危急。齐景公为此忧心不已。大臣晏婴就向齐景公推荐司马穰苴，说：司马穰苴这个人文能安抚众人，武能震慑敌人，人才难得，您可以考验考验他。齐景公听罢，召见了司马穰苴，与他谈了带兵作战的事。两人相谈甚欢。齐景公相信他找到了一位好将军，立马就拿出兵符，想授给他，让他率兵去抵挡晋、燕两国的军队。

司马穰苴却立在原地，并未接过兵符，说："我的地位卑微，君王将我从平民中提拔起来，置于大夫之上，士卒们并未心服，百姓也不信任，人的资望轻微，权威就树不起来。希望君王派一位您所宠信的国之重臣来做监军，我才能做这个将军。"

齐景公一想，对呀，就爽快地答应了他，让自己的亲信庄贾去做监军。司马穰苴遂与庄贾约定，第二天中午时分在军营大门口相见。

次日一大早，司马穰苴赶到军营。他让人立木表，置水漏，专等庄贾的到来。而庄贾呢，他自恃是齐景公身边的宠臣，向来骄横，这次他认为统领着自己国家的军队，本人又是监军，所以根本没把与司马穰苴的约定放在心上。而且听说他要去当监军后，这一天亲戚朋友都来留他喝酒、给他送行，致使到日中时，他都没到军营。司马穰苴于是放倒木表，打破漏壶，进入军营，巡视军队，整顿士兵，申明纪律。他宣布了纪律后，太阳快要落山了，庄贾才姗姗而至。

司马穰苴问他："我与你约定了时辰，你为何还迟到呢？"庄贾抱歉地说："我的那些亲戚朋友为我送行，所以滞留了些时辰。"司马穰苴说："大将接受国君任命之日，即应抛开家事；巡视军队整顿纪律时，即应不讲亲疏；拿起鼓槌击鼓助威时，即应舍身为国。现在敌人

---

① 今山东鄄城。

② 黄河以南的齐国地区。

深入我国境内，全国骚动，士卒在边境线上风餐露宿，国君在宫中睡不安食不甘，百姓的性命都寄托在你的身上，还谈什么吃喝送行呢？"他召来执法官问道："军法中对误期迟到怎么处置？"执法官说："应当处斩刑！"

一听此言，庄贾害怕了，派人即刻驰马飞报齐景公，向景公求救。但那报信的人还没回来，司马穰苴就斩了庄贾，并向三军展示。三军将士们都大为震惊。过了许久，齐景公派来使者，手拿赦免书，飞马驰入军中。司马穰苴很是气愤，说："大将在外，国君的命令有的也不能接受。"他又问执法官："扰乱三军军法，该怎么处置？"执法官说："应当处斩刑！"使者吓得瑟瑟发抖。司马穰苴说："国君的使者不能杀。"于是他就拿使者的仆人开刀，而且连同使者车子左边的扶手、左边的骖马都砍了，且向全军示众。司马穰苴让使者回去报信，然后率部开拔前方。

司马穰苴斩了齐景公的亲信，齐景公是什么反应呢？《史记》并没有写，或许这件事并未影响他对这位大将的信任。为什么这么说呢？因为司马穰苴还在继续当将军，继续指挥作战。

再说身处前线的司马穰苴，士卒们安营扎寨、打井取水、挖灶做饭、生病问医抓药，他都亲自过问并抚慰他们；他还把自己作为将军享用的物资、粮食全都拿出来与士兵分享，自己和士兵一样平分粮食；对那些体弱多病的士卒，他特别关照，所以三天后他重整部队准备出战时，连生病的士卒也要求同行。全军奋勇争先，为他奔赴战场。

晋军知道这种情况，就把军队撤了回去；燕军知道这种情况，渡过黄河向北撤退，跟着溃散了。于是，齐国军队乘势追击，他们收复了所有沦陷的领土，最终凯旋。

兴兵作战，要出其不意

兵者，诡道①也。故能而示②之不能③，用而示之不用，近而示之远，远而示之近。利而诱之，乱而取之，实而备之，强而避之，怒而挠之，卑而骄之，逸而劳之，亲而离之，攻其无备，出其不意。此兵家之胜，不可先传④也。

①诡道：诡诈之术。曹操注："兵无常形，以诡诈为道。"

②示：把事物摆出来或指出来给人看。

③能而示之不能：能战却装作不能战的样子。此句至"亲而离之"等十二条作战原则，即著名的"诡道十二法"。

④不可先传：不可事先下定论。指战事中的各种行为都可能是诡诈的计策，也是兵家作战常用的妙计，不要事先做出结论。

❖ 译 文 ❖

用兵打仗，实行的就是诡诈之术。因而能打却装作不能打；要行动却装作不行动；攻击近处却剑指远方；攻击远处却纠缠近地；敌方贪婪就用利诱之；敌方混乱就乘机攻取它；敌方战备充分就防备它；敌方强大就避开它；敌方易怒就刺激它；敌方谨小慎微就设法使它骄傲；敌方休整良好就设法使其疲劳；敌方内部团结就设法离间他。要在敌方没有防备时发起进攻，在敌方意料不到时采取行动。这是军事家们择机致胜的法宝，是不可事先规定的。

❈ 解 读 ❈

兴兵作战是一种施行诡诈之术的行为。凡是人类所能想到的各种奇谋诡计，似乎都在战场上上演过，各种"坑"都被人挖过，各种"雷"都被人埋过，虚虚实实，真真假假，诡诈不断。人性之恶，莫甚于此。在中国，如果说春秋和春秋之前，人们在战争中还讲求某些"规矩"和"仁义"的话，那么战国以后，人们就已把追求胜利当成第一、甚至是唯一的目的。为达成此目的，就要不惜动用一切手段，打败敌人，致敌人于死地。因为在战争的环境下，要么你死，要么我亡，战争的残酷在于此，战争的丑陋也在于此。就此而言，战争是敌对双方国力兵力的比拼，是天时地利的较量，更是双方将帅的智谋的角力。

战例分析（故事链接）：

拿破仑出其不意，打了他一生中最经典的一场战役

在拿破仑五十一年的人生中，他东征西讨，打过大约六十次大的战役，且绝大部分取得了胜利。这些战役多体现了他高超的军事指挥才能，而奥斯特里茨战役，则是世界军事史上公认的他指挥的最经典的一战。

1805 年，英、俄、奥组成第三次反法同盟，主攻巴伐利亚。奥俄联军在乌尔姆受挫，俄军在库图佐夫指挥下后撤，企图拖延时间等待援军。拿破仑则凭借强大军力，试图在追击中迅速击溃俄军。

11 月 14 日，法军攻占维也纳，俄军撤离因河防线，渡过多瑙河，继续向北退却。拿破仑重新部署法军。他命令骑兵预备军、第四军、第五军马不停蹄，立即从维也纳出发，北渡多瑙河，追踪库图佐夫所部；命令第三军向维也纳以东进发，剑指布拉迪斯拉发，护卫北上部队的右翼；命令第一军向维也纳西北进军，监视费迪南大公，保障北上部队左翼的安全。本来按照这一战略部署进行作战，俄军是十分危险的。但战场上的形势从来就是瞬息万变的，一个出乎意料的情况，往往会改变整个战场形势。

法军此时就接二连三地出现了几个令拿破仑大感意外的情况：一是当法军前锋抵近库图佐夫时，库图佐夫的后卫——彼得·伊万诺维奇·巴格拉季昂将军率领的六千掷弹兵，竟然以伤亡三分之二的代价，阻滞法军长达十八个小时！这为库图佐夫的撤退及与其他俄奥军队的会合争取了宝贵时间。二是当缪拉元帅的骑兵突破俄军防线，前进到距离摩拉维亚西南约二十公里的地方时，这位亲王军长担心自己孤军深入，易被敌人包饺子，便想等步兵跟上后再发起进攻，于是就擅作主张，向俄军后卫指挥官提出了休战建议。俄军求之不得，当然满口答应，就此获得了一次从容北撤的良机。拿破仑得悉后，气得七

窍生烟，他指着元帅、军长，也是他的妹夫缪拉骂道："我简直找不到话来表达我对你的不满。你只是我的一个前卫指挥官，没有我的命令根本无权做休战的安排。你葬送了我的胜利。立即停止休战，向敌人前进！告诉那位在这一协定上签字的俄国将军，说他也无权这样做——只有沙皇才有这样做的权利。"

缪拉这一错误决策的后果是什么呢？是库图佐夫得以顺利地撤军至布尔诺，后又转至奥洛穆茨；而沙皇亚历山大一世督率的俄军及从维也纳跑出来的奥地利皇帝弗朗西斯二世也带着奥军到达这里。联军以库图佐夫为总司令，总数有八万六千人之多，他们在奥洛穆茨构筑阵地，准备在此与法军一较高下。

拿破仑率领七万四千名法军此时追到了布尔诺地区。面对兵力占优的俄奥联军，他也不敢贸然进攻，只得在距离奥洛穆茨六十公里的布尔诺一带占领阵地，谋划下一步的行动方案。

糟糕的事情还在到来。据确切情报得知，普鲁士已决定加入第三次反法同盟，投入对拿破仑的战争，其十几万大军正向奥地利边境移动，法军即将处于腹背受敌的危险境地。

拿破仑的心里产生了前所未有的焦虑与不安。这份焦虑和不安，既来自他对普鲁士参战的担忧，更在于他想寻求与俄军决战，而狡猾的库图佐夫一退再退，根本不给他机会。时间在流逝，战局在变化，拿破仑不能不焦虑。最后他决定向俄军示弱，以迷惑库图佐夫，让库图佐夫误以为拿破仑可以战而胜之，从而不再退却，前来与法军一决高下。

为向俄军示弱，拿破仑命令法军从前沿阵地后退，做出撤军的样子。他还派自己的侍从武官萨瓦金，手持他的亲笔信，去拜见亚历山大一世，建议双方休战谈判。而且信中特别强调，请求沙皇与他举行单独会晤；如沙皇不愿与他会见，建议派一个全权代表来法军大营谈判。

库图佐夫是了解拿破仑的，他不相信追了一路的拿破仑，现在突然示弱不打了，他认为这其中定然有诈。所以即便此时拿破仑撤了前沿阵地，且俄军兵力超过法军，他也依然坚持按兵不动，不去主动进攻法军。这让沙皇亚历山大很是不满。亚历山大认为，他已带来了二万七千名援军，奥地利帝国皇帝弗朗茨二世也带来了溃散后整顿的奥军，以俄奥联军现在的实力是足以与拿破仑掰手腕的，怎么还畏手畏脚呢？现在拿破仑又来请求谈判，这更加表明法军怕了、不堪一击了。因此，年轻气盛的沙皇，加上联军的参谋长、奥地利帝国将军魏洛特尔，以及沙皇的侍卫长彼得·道戈路柯夫等一众将官，都等不及普鲁士军队的到来，想当即主动出击，给法军以致命一击。

面对拿破仑提出的与沙皇见面的要求，亚历山大嘴角上扬，轻轻摇了摇头。他只派了道戈路柯夫公爵做代表去谈判，而且他也不指望能谈出个什么结果来。

道戈路柯夫公爵去见拿破仑的时候，拿破仑装出无精打采的样子，说话有气无力。这让年轻的道戈路柯夫公爵很是瞧不起——这就是横扫北非、纵横欧洲的一代天骄？特别是当道戈路柯夫公爵代表沙皇，要求法国放弃意大利和其他一些占领地时，拿破仑那种吞吞吐吐的说辞和飘忽不定的眼神，更使这位俄国代表坚定了拿破仑心虚胆怯、信心不足的判断。他急忙赶回去，把他对拿破仑的印象报告给了沙皇亚历山大。

拿破仑呢，暗自窃笑。他称道戈路柯夫公爵为"黄毛小子"，笑这个"黄毛小子"轻浮肤浅，太好哄了。他相信沙皇亚历山大一定会上当、闯进他设的圈套。

果然不出拿破仑所料。亚历山大听了道戈路柯夫公爵的报告后，当即决定对法开战。他身边的那些联军将领，想都没想就赞同沙皇的

决定。库图佐夫成了少数派，他的退却、等待战略被彻底否决了。

1805 年 11 月 27 日，按照联军参谋长魏洛特尔将军制订的作战计划，俄奥联军八万六千多人分成五路纵队，各自从奥洛穆茨附近的阵地出发，向东南方向的布尔诺进军，然后沿奥斯特里茨镇及其西南方向修筑工事，准备迎敌。12 月 1 日，联军抢占普拉岑高地。俄军大喜，以为此举一下子扼住了战争的喉咙。

为什么这么说呢？这要从普拉岑高地的战略地位说起。

就俄奥联军的布防来说，从布尔诺到奥斯特里茨镇有一条公路相连，这是其后勤补给的运输线，十分重要，支撑着俄奥联军的持续作战。奥斯特里茨镇的西面是南北走向的哥尔德巴赫河，东面则流淌着东西走向的劳斯尼兹河，这两条河在西南方交汇后，形成一个沼泽地带，汇成几个极深的湖，比如扎钱湖、莫尼茨湖等。紧邻这片沼泽地带的便是普拉岑高地，高地北面则是一片开阔的平原。也就是说，普拉岑高地是这一块战地的制高点，可以观察、控制其周边的广大地段。

作为伟大的军事家和战略家，拿破仑是十分重视地形的作用的。无论是行军还是作战，他每到一地，都十分注意周围的地形。奥斯特里茨附近的普拉岑高地这么显眼、这么重要，难道他会忽略吗？

要理解这个问题，还得先看一看他的排兵布阵情况。

因为从整个兵力比较而言，法军以七万四千人对付俄奥联军八万六千人，实力还是不济的。所以拿破仑在配置防御力量时，将拉纳的第五军和贝尔纳多特的第一军安排在布尔诺至奥斯特里茨的乡村公路附近，且在这两军侧后方的约一公里处，埋伏着缪拉的骑兵预备军和拿破仑的近卫军，外加一个师的预备队。拿破仑的作战大本营也设在这里。而在南线哥尔德巴赫河的西岸，正对着普拉岑高地的地方，拿破仑将苏尔特的第四军安设于此，而在其后方约五公里的雷吉恩修道院内，隐蔽着达武的第三军。从这个布局中不难看出，拿破仑将重兵布置于北线，南线普拉岑高地则完全是敞开的。为什么这样布阵呢？

这就是拿破仑的高明之处。因为北线多平原和丘陵，利于大兵团步骑兵作战；而南线多河流和沼泽，极大地限制了部队的运动，不便布置重兵，所以拿破仑将战斗主力放在北线。他知道，俄奥联军是会盯上普拉岑高地的，他们一定会出动重兵抢占、守护这块战略要地的；而这样一来，俄奥联军在兵力配备上，就会重南轻北。如果说总的兵力上俄奥联军多于法军的话，那么在局部战场对阵上，比如在北线战场上，法军就占有绝对优势，这就为后来战术上的胜利奠定了基础。

12月2日早上7时左右，天刚蒙蒙亮，俄奥联军在宽约十二公里的正面战场上向法军发起全线攻击。在南线，联军占据普拉岑高地，且以近五万之众对付一万多法军——兵力是法军的四倍，因而进展迅速。他们很快占领哥尔德巴赫河东岸的特尔尼兹村，并越河攻占了西岸的左克尔尼兹村。法军连连后撤。这有些出乎拿破仑的预料。为稳住阵脚，同时也为了吸引更多的联军投入南线战斗，拿破仑急令达武的第三军驰援苏尔特的第四军。法军有了援军的加持，顿时勇气倍增，经过一番搏杀，他们将联军赶回了哥尔德巴赫河东岸。本来战场上这种拉锯作战十分寻常，对于率军守着普拉岑高地的库图佐夫而言，这就是司空见惯的战场常态。但对于很少指挥作战的沙皇亚历山大而言，这简直有如崩堤塌岸般地危险。因而沙皇一看到联军阵势渐乱，也不征求库图佐夫的意见，就命令占领普拉岑高地的部队，前去增援南线的联军。这下可好，联军的部署因此被打乱，拿破仑等待的这个机会终于降临了。他命令法军第四军从左翼出发，抢占普拉岑高地。由于联军正在撤出，因而法军不费吹灰之力，就攻下了普拉岑这个战略要地，接着就架起大炮，轰击联军。亚历山大惊出一身冷汗，

一下子明白了自己的失策，便调集所有的预备队，在库图佐夫的协助下，企图夺回普拉岑高地。双方因此在高地附近展开激烈战斗。联军一度还抢上了高地，但在法军骑兵的冲杀下，又被迫退了下来。就这样来来回回四次争夺，联军最终不敌，不仅高地附近的部队阵脚大乱，还连带影响到退入哥尔德巴赫河东岸的部队。法军架在普拉岑高地上的大炮，像是精准制导炮弹似的，在联军中间开花，炸得联军东奔西突、溃不成军。

北线的战事，因为法军的兵力几乎是俄奥联军的三倍，所以当联军的两个军向法军攻击时，贝尔纳多特的第一军和拉纳的第五军在缪拉骑兵预备军的协助下，连续多次打退了他们的进攻，守住了阵地。不仅如此，第五军和骑兵预备军还果断反击，将联军赶回到了奥斯特里茨，导致联军在北线全线溃败。此时南线联军正遭受法军炮火的打击，阵脚渐乱。不料北线法军取胜后，又在拿破仑的指挥下，即刻转向西南，朝南线联军杀来。而普拉岑高地的法军也从高地斜坡上呼啸着席卷而来，那阵势真如秋风扫落叶一般，锐不可当！联军阵形大乱，除少部分士兵逃往布尔诺外，大多数人退缩到扎钱湖和莫尼茨湖之间的沼泽地带。许多人被赶到了刚刚结冰的湖面。一时间，湖面上人叫马嘶，车横炮躺，混乱不堪。就在联军如无头苍蝇一样，在沼泽地带、在湖面上四处找寻出路时，法军炮弹如滚滚天雷，轰得冰水四溅，血肉横飞。冰面被炸裂后，数千联军瞬间葬身湖底。一些侥幸存活下来的联军官兵，则纷纷放下武器举手投降，联军大败。

库图佐夫负伤逃走；两位皇帝也身负重伤，他们是趁着天黑的掩护，才逃离战场。下午四时，天空飘起雪花。拿破仑在几位军长的陪同下，策马巡视战场，只见战场上横七竖八地躺着的多是联军官兵的尸体，成群结队的俘虏在寒风瑟瑟中，被法军士兵押解着，朝奥斯特里茨镇走去。据战后统计，这场战役联军损失二万七千余人，其中战死一万五千人，被俘一万余人。

　　巧合的是，12月2日这一天，正是一年前拿破仑加冕称帝、建立法兰西第一帝国的日子。12月4日，弗朗西斯二世和拿破仑会谈，达成停火协议。12月27日，奥地利帝国和法国签订《普雷斯堡和约》，宣布退出反法同盟；弗朗西斯二世宣布取消"神圣罗马帝国皇帝"的封号。至此，第三次反法同盟瓦解，法国控制了欧洲大陆，随即在中欧成立了受法国保护的莱茵联邦，开启了拿破仑长达六年之久的极盛时期。

第二：作战篇

兵贵神速

故兵闻拙速①，未睹巧之久②也。夫兵久则国利者，未之有也。故不尽知用兵之害者，则不能尽知用兵之利也。

故兵贵胜，不贵久。故知兵之将，民之司命，国家安危之主也。

①拙速：指计谋不足、战法笨拙，却可通过速战速决取胜。

②巧之久：指作战巧妙，而使军队陷于旷日持久交战。

所以，用兵打仗，只听说过指挥笨拙但求速胜的，却没见过指挥高明而热衷于持久作战的。战争久拖不决却对国家有利的事，从来没有过。因此，不完全了解战争危害的人，也就不能了解战争的好处。

所以，用兵贵在速战速决，而不主张旷日持久。懂得如何用兵的将帅，掌握着民众的生死，主宰着国家的安危。

❋ 解 读 ❋

战争是一种消耗大量人力、物力、财力的重大军事行动，费时愈久，消耗即愈大。因此，在古代战争理论中，"速战速决"是大家的一个共识。这在今天的高科技战争中，仍具有很强的现实启迪意义。长久的战争，不仅耗财，且易生变，所以实行战术上的速战速决、果敢行动，以立定胜负，是明智且现实的。

战例分析（故事链接）：

徐敬业起兵讨伐武则天，延误战机，最终落败

徐敬业也叫李敬业。他的祖父徐世勣，字懋功，也就是民间传说的徐茂公，曾为李唐王朝夺取天下，立下过汗马功劳，因而被初封蕲州刺史①，转封英国公，赐李姓。又因避唐太宗李世民之讳，去"世"字，单名勣或绩，徐姓有时也以李姓代之。

徐敬业的父亲李震曾任梓州刺史，但去世早，徐敬业基本上就是祖父看着长大的。在祖父徐世勣的眼里，这个孙子人很聪明，脑子灵活，精于骑射，但也喜欢冒险蛮干，惹是生非，且任性偏执，难以管束。所以他临终前，满是忧心地说道："将来毁掉我们家的，一定是这小子呀！"公元 669 年，徐世勣去世，徐敬业袭爵英国公。在此前

---

① 治所在今湖北省蕲春县蕲州镇，因系世袭职位，徐辞让，未就任。

后，他做过太仆少卿、眉州刺史等官。这时候，年方三十出头的他，正处于春风得意之际，他一直梦想着，有朝一日能像祖父一样，做一个安邦定国的柱国重臣。

公元 683 年，唐高宗李治驾崩，太子李显即位，是为唐中宗。但武则天以李显懦弱为由，临朝称制，不久又废李显，立豫王李旦为帝，一切大权掌控在自己手里。此后，武则天大用武氏族人，大贬李氏皇亲及李唐旧臣。徐敬业和其弟徐敬猷、给事中唐之奇、长安主簿骆宾王、詹事司直杜求仁都因事获罪，徐敬业被贬为柳州司马，徐敬猷被免官，唐之奇被贬为括苍令，骆宾王被贬为临海丞，杜求仁被贬为黟县令。御史魏思温先被贬为尉官，后被罢黜一切职务。这批十分憋屈的失意官员齐聚扬州，经过一番筹划，决定举起反对武则天的旗帜，重建李唐天下。

他们以恢复李显帝位为号召，在扬州设立匡复府，以徐敬业为匡复府上将，领扬州大都督，以唐之奇、杜求仁为左、右长史，李宗臣、薛仲璋为左、右司马，魏思温为军师，骆宾王为记室，一场声势浩大的反对武则天的战争便悄然爆发。

师出须有名，名正则道存。怎么能占据道义制高点而号令天下、动员众生呢？徐敬业的记室骆宾王使出了他盖世超伦的雄才，很快就写成了《为徐敬业讨武曌檄》。在这篇檄文里，骆宾王首先列举武氏丑史和罪状，说她"性非和顺，地实寒微""秽乱春宫""入门见嫉，娥眉不肯让人；掩袖工谗，狐媚偏能惑主"，还说她"豺狼成性""近狎邪僻，残害忠良，杀姊屠兄，弑君鸩母"等等，揭露其"色藏祸心，窥窃神器"之野心；跟着阐述徐敬业起兵讨伐武氏的必要、及时与正义，号召人们群起而响应，"班声动而北风起，剑气冲而南斗平"，则"请看今日之域中，竟是谁家之天下"，讨伐武则天的斗争一定胜利在望！该檄文用骈体写成，对仗工整，句式铿锵，气势充沛，读来慷慨激昂、义正词严，具有极强的战斗力和感染力！史载武则天读至"一抔之土未干，六尺之孤安在"两句时，叹道："宰相用人，怎么漏掉了这个人呢？"爱惜之意，溢于言表。难怪旬日之间，这篇檄文所到之地，从者响应不绝，不多时即聚集了十余万众。

但仅此也可看出失败的端倪了。为何？因为尽管骆宾王的檄文写得气势如虹，但徐敬业所招来的队伍，却是未经训练的乌合之众，各人所抱的目的和意图大不相同；更兼之徐敬业眼光短浅，刚愎自用，分不清下属意见的孰优孰劣，反武战争要想不败都难了。

原来，当十余万大军会集一起后，队伍从哪里开始进军呢？扬州匡复府内可是吵翻了天。

军师魏思温认为，既然大都督以匡扶王室为号召，就该大张旗鼓地挥师北上，直取洛阳，这样天下的人都知道咱们的志向是维护李唐天下，四方定能翕然响应。而司马薛仲璋却主张引兵南下。他说，金陵有王气，而且长江自古以来就是天险，不如先取温州，占据金陵，以此作为定霸的基业，然后再逐渐向北方发展，图谋中原。这样进无不利，退有归路，是万全良策。

魏思温力持自己的意见说，现在北方的豪杰都对武氏专制愤愤不平，听说大都督起兵了，都蒸好了麦饭作为干粮，举起了锄头当作刀矛，只等咱们的人马过去，他们就可以行动起来了。我军岂能不趁此机会建功立业，而只管营构自己的舒适巢穴？况且一旦停留南方的消息传出去，北方的那些豪杰该是多么寒心，连那些已经聚集起来的兵马只怕都会因此而作鸟兽散了。

应该说，表面看来，这两人的主张各有道理，但战略格局和战术原则大相径庭：魏思温的建议，重在调动全国的反武力量，乘敌准备不足之际，主动出击，快速撼动武氏基础，以成大业。此建议的风险在于，反武力量全系杂牌武装，与大唐训练有素的正规军比起来，极易倒戈溃散。但危中存机，因为这也存在另一种情况：如果全国的反武力量合力并向，一鼓作气，直向洛阳、长安进发，形势就有完全朝着徐敬业一边倾斜的可能。

薛仲璋主张稳扎稳打，希望依靠反武力量，先建立江南根据地，然后再出兵北伐，力求成功。这样即便进军失败，也可退守江南半壁河山，形成割据局面。但这一主张丧失了眼前大好局面，眼界局促一隅；况且在大唐一统天下六十余年的情况下，反武力量要想偏安江南，谈何容易！她武某人就这么眼睁睁地看着你经营江南，而不主动攻击？

两种意见的优劣明摆着，就看徐敬业的决定了。结果，他选择了稳妥策略：先占江南，造就根本，再图北伐！他指派部将尉迟昭进攻扬州附近的盱眙；命令弟弟徐敬猷带兵五千，溯长江西进，攻取和州①；自己则统率十万大军渡江，夺取润州②。而就在此期间，武则天则调集三十万人马，选派李唐宗室李孝逸做主将，浩浩荡荡地杀奔江南而来。初与反武大军接仗时，李孝逸吃过一些亏。后在沿江沿海一带，他火攻徐敬业的船队，终于大败讨武大军。徐敬业也被其部将杀死，讨武斗争彻底失败。

只可惜了骆宾王的一身好才华。武氏弄权，他一直是反对的。他在那首《于易水送别》中表达的"此地别燕丹，壮士发冲冠。昔时人已没，今日水犹寒"，与其说是倾诉荆轲的壮烈，不如说是宣泄他对武氏的愤愤不平。所以徐敬业反武，他会参加不足为怪，怪只怪在他怎么至死也看不清徐敬业的短视？以致与徐敬业绑在一起，最终似乎还为此丧了命。

---

① 今安徽和县。

② 今江苏镇江。

善于用兵打仗的人，要会"借势"

🐟原 文🐟

善用兵者，役不再籍①，粮不三载②，取用于国，因粮于敌③，故军食可足也。

故智将务食于敌④，食敌一钟⑤，当吾二十钟；萁秆一石⑥，当吾二十石。

注 释

①役不再籍：不一再征兵。役，此处指兵役。籍，本指户籍名册，这里做动词，意为征调。

②粮不三载：粮食不用多次运送。三，概数，指多次。载：运输。

③因粮于敌：从敌人手中夺取粮食。因，同"依"，凭借，引申为获取、夺取。

④务食于敌：务求从敌军处取粮就食。

⑤钟：古代容量单位。杜牧注："六石四斗为一钟。"一石等于十斗，一斗等于十二斤，故一钟为七百六十八斤。

⑥萁秆一石：萁，同"其"，指豆秸，泛指牛马牲畜的饲料。

❖译 文❖

善于用兵打仗的人，不用一再征兵，也不用多次运送粮草，武器装备由国内供应，粮秣就地从敌人手中夺取。这样，军队的粮食就够用了。

所以，明智的将帅务必会从敌人那里取粮就食。在敌人那里得到一钟粮食，就相当于从本国运二十钟；在敌人那里获取一石的饲料，就相当于从本国运二十石。

❊解 读❊

后勤是军队工作的生命线，有时甚至是战争胜负的决定性因素。冷兵器时代，后勤工作主要包括粮食、草料、衣物、马匹等的供应。一旦战争发动，这些都是首先必须要准备好的，所谓"兵马未动，粮草先行"，是也。而运送粮草的过程，就是一个不断消耗粮草的过程。所以，后勤的巨大需要，有时可将一个国家拖到民穷财尽的境地。那怎样才能做到既满足后勤军需之用，又不至于造成国穷民贫的局面呢？"借势"是上策。"借势"就是借助外在的力量，服务于战争之需。比如利用敌国的粮草，供我之用，一则减轻我之运输负担，二则消耗敌之战略资源。这是一种十分"经济"的维持战争的策略。这种策略对一个单位的发展，乃至对一个人成事立业也有启发作用。在一个单位或一个人的成长过程中，依凭自身的努力和条件非常重要，但外在的因素同样是不可忽视的，合情合理的"借东风"是重要的、也是必要的。自身不足，借力于外，这是本文阐述的要义所在。

战例分析 （故事链接）：

张巡守雍丘，向敌借粮借箭

　　张巡是唐代中期名臣。安史之乱爆发时，张巡为真源①县令。次年②，自称为"大燕"国皇帝的安禄山派将领张通晤东进江淮，宋、曹等州相继沦陷，谯郡③太守杨万石被吓破了胆，也投降了燕军。真源乃谯郡属县，杨万石降敌后，授张巡为长史，令其向西接应燕军。张巡悲愤不已，率吏民哭告于玄元皇帝祠，发誓起兵抗贼，响应者千余人。张巡就此开始了抗击燕军的历程。

　　此时，吴王李祇被玄宗任命为灵昌④太守、河南都知兵马使，统辖河南各路兵马反击安禄山。单父⑤县尉贾贲率部赶来，与张巡会合，准备攻打雍丘⑥之敌。

　　为什么要攻打雍丘呢？因为雍丘县令令狐潮已归附燕军。好在贾贲、张巡赶到雍丘不久，雍丘县城发生内乱，张巡、贾贲乘势攻入，令狐潮只得弃城而逃。逃走的令狐潮并不甘心，他带着一万五千名燕军又杀了回来。而雍丘城内呢，张巡和贾贲的部队加起来也不过三千来人。贾贲出战，不敌，壮烈殉难；张巡驰骑，杀敌无数，亦受创多处，退敌而回。在城中，众举张巡为主将，统领全军。为便于号令，张巡自称河南都知兵马使先锋使，率众抗敌。令狐潮数次进攻，数度

----

① 今河南鹿邑。
② 公元 756 年。
③ 今安徽亳州。
④ 今河南滑县。
⑤ 今山东单县。
⑥ 今河南杞县。

溃败，损失兵员万余，只得败走。吴王李祗听闻这些战绩后，举荐张巡为委巡院经略。

一个月后，令狐潮又纠集四万余人围攻雍丘城。此时城中守军只有二千余人，面对二十倍于己的敌人，城中军民不免恐慌。张巡安抚大家说："敌人知道城中虚实，肯定会轻视我们。现在我等出其不意，打它个措手不及，就会让它在惊慌中溃乱。我等乘胜追击，就一定会挫败它。"众人听罢，精神振奋。于是，张巡将所部分成两队，一队一千人守城，另一队一千余人由他率领，分成若干分队，以迅雷之势从城中杀出，直奔敌营。燕军没料到势单力薄的唐军竟杀到帐前，一时张皇失措，丢盔弃甲，狼奔而走。

次日，恼怒异常的令狐潮再围雍丘。双方处于相持状态。不久，长安失守，玄宗奔蜀，被围在孤城的张巡一无所知。令狐潮乘机到城下劝降说："大局已坏，天下已危，足下坚守危城，到底为谁呢？"

同为县官时，张巡与令狐潮是有过交往的，相互是有些了解的。但现在令狐潮投身叛军，竟还来劝张巡附逆从贼，这就让张巡怒火中烧了！他斥责令狐潮道："你平日以忠义自许，今天却做出这种反叛行为，忠义在哪里？"令狐潮一时语塞，羞愧而退。

只是雍丘之围，丝毫不见松懈。眼见解围无望，有六位将官心生降意，要求归顺燕军。张巡采取果断措施，处死了六人，避免了军心摇动。

雍丘被围百余天后，城中粮食已近告罄。某天张巡在城墙上巡察时，发现前方河道上停着数百艘燕军的运粮船，船舱堆得高高的，看来粮食还未卸下。当天晚上，雍丘城南面城墙上灯火幢幢，大批人马在那里集结，似乎要在那里发动夜袭。令狐潮得报后，即刻将部队调往城南，以备唐军进攻。张巡见状，迅速派人从北门出城，借助夜色掩护，悄悄摸到河边，控制住守船人，将运粮船上的大部分粮食搬进

了城。待燕军发现，调头进攻唐军运粮部队时，唐军将来不及搬走的粮食，放火烧了个一干二净，然后再撤进城。

令狐潮被张巡打了个掏心拳，恼羞成怒，遂下令所部日夜攻城，一时战况十分激烈。唐军艰难抵抗，很快耗尽了箭镞。这可咋办？一天晚上，张巡让士兵将事先扎好的蒿草人穿上黑衣，系好绳子，沿着城墙缓慢放下来。燕军远远看见，以为是成百上千的唐军夜袭他们，立马报告给了令狐潮。令狐潮一听，那还了得！赶紧下令：射！射死他们！用箭射死他们！燕军得令，便不管三七二十一，纷纷弯弓搭箭，朝着那些黑黢黢的影子，拼命射起来。这样直到天色转亮，燕军才看清楚，对面他们射了大半夜的，是穿着黑衣的蒿草人，现在这些蒿草人身上像刺猬一样，扎满了箭镞！燕军还在疑惑不解时，唐军却在往回提拉蒿草人，原来，他们在上演"草船借箭"这出戏！令狐潮气得牙齿咬得嘣嘣响。

然而让令狐潮可气又可笑的是，尝到甜头的张巡，一连几个晚上都在城墙上放出蒿草人，还想故技重演，收集燕军的箭。"哼！好个张巡，我还会上你的当吗？"令狐潮冷笑道。他下令燕军再不可对唐军乱射箭。从此，围城的燕军远远地看着唐军每晚在城墙上摆弄蒿草人，就是不发一箭，他们对唐军的行为习以为常，防备心理渐渐松懈了下来。

数日后的一个晚上，张巡挑出五百勇士，每人着黑衣、背大刀，缒城而出。起初，燕军还以为是唐军的蒿草人，并不在意，等到唐军冲到眼前，举起大刀时，方才惊出一身大汗，大喊爹娘，撒腿就跑。燕军大乱，一直逃了十几里远，才稳住了阵脚。但令狐潮凭着人多势众很快又将雍丘围了起来。这一围又是一月有余，雍丘城内用于做栅栏、鹿砦的木料全部用完，吃水也很紧张。张巡托人带话给令狐潮说："孤城难守，我想率军弃城撤走，请你让你的军队后退六十里，以便我们逃逸。"令狐潮也为雍丘久攻不下而苦恼，现在见张巡主动退城，岂不是天上掉馅饼！便不假思索地答应了下来。

燕军一退，张巡便带着唐军冲到城外，将燕军三十里地范围内的营房全部拆掉，房上木料全部扒下，带回城里。

令狐潮气得七窍生烟，咬牙命令所部死死围住雍丘城。

过了几天，张巡又传话给令狐潮，说："你想得到这座城也可以，只要你送我三十匹骏马。我得马后，马上出奔，这城就是你的了。"令狐潮吃过几次亏后，长了些心智，对着传话的人冷笑道："呵呵，这个张巡，又在耍什么花招？以为我不知道吗？"他开始拒绝给张巡送马，但后来又一想，三十匹马算个什么呢？在我的铁桶包围下，我就是送马给他了，他还能让马生出翅膀飞出雍丘?！我倒要看看他张巡到底能耍出什么花招！

想罢，他让人送了三十匹马给张巡。

张巡得马后，即在军中挑出三十位骁勇将士，将马分给他们，与他们约定："燕军若来，你们每人杀一敌将！"

令狐潮送马后，见城中没一点动静，便来到城下，指着张巡叫骂。张巡说："我想逃，但将士们不让我走，我有什么办法？"令狐潮更气，准备整军攻城。正在燕军排阵列队之际，城门大开，三十骑兵倏地从城中杀出，直奔燕军而来。燕军阵势还没摆好，经唐军一番冲杀，一下子损失十四名将官，百余名士兵。令狐潮只得下令把军队撤到陈留①，一时不敢靠近雍丘，当年十一月，又从雍丘全部撤兵。

雍丘之围遂解。

---

① 今河南开封。

第三：谋攻篇

用兵的上策是以谋略取胜

孙子曰：凡用兵之法，全国①为上，破国次之；全军②为上，破军次之；全旅为上，破旅次之；全卒为上，破卒次之；全伍为上，破伍次之。是故百战百胜，非善之善者也；不战而屈人之兵，善之善者也。

故上兵伐谋③，其次伐交④，其次伐兵，其下攻城。

故善用兵者，屈人之兵而非战也，拔⑤人之城而非攻也，破人之国而非久⑥也，必以全争于天下⑦，故兵不顿而利可全⑧，此谋攻之法也。

①全国：使敌国不战而降。

②军：军、旅、卒、伍都是古代军队编制单位。五人为一伍，百人为一卒，五百人为一旅，五旅为一师，五师为一军。一军有一万二千五百人。

③上兵伐谋：上兵，上等的用兵之策。伐谋，以智谋为征服敌人的手段。

④伐交：交，外交，以外交为主要征服敌人的手段。

⑤拔：破城而取之曰拔。

⑥破人之国而非久：灭亡敌人的国家却无须持久作战。

⑦以全争于天下：全，指上文的"全国""全卒""全伍"。整句意思是力求全胜而夺得天下。

⑧兵不顿而利可全：顿，同"钝"，破损之意。此句意为我方的武器未损丝毫，却对敌大获全胜。

❖译 文❖

孙子说：但凡用兵打仗，使敌人举国降服为上策，用武力打败就次一等；使敌人全军降服为上策，打败就次一等；使敌人全旅降服为上策，打败就次一等；使敌人全卒降服为上策，打败就次一等；使敌人全伍降服为上策，打败就次一等。所以，百战百胜，并非高明之中最高明的；不通过战争而使敌军屈服的，才是高明的最高境界。

因此，用兵的上策是以谋略取胜，其次是通过外交手段取胜，再次是动用武力战而胜之，最下策才是攻城略地。

因而善于统兵作战的将帅，想使敌军屈服，并非一定要凭借战争；夺取敌人的城池并非一定要通过硬攻；毁灭敌国，并非一定需要持久作战；一定要用全胜的谋略去争夺天下。这样军队就不必奔波劳顿，而胜利却可以圆满取得。这就是谋攻的法则。

❊ 解 读 ❊

战争是野蛮血腥的杀伐行为，它对社会经济的破坏，对人的生命财产的戕害，是难以估量、无法把握的。即便是正义的战争，这些损害也难以避免。因此，自古以来，在一些人好战、恋战的同时，更多的人是厌战、反战、止战的。可当战争不得不进行之时，我们在确保"胜战"的情况下，又该如何减少战争的破坏、管住战争魔爪的蹂躏呢？孙子的思想是"不战而胜"。这是中国古人关于战争的最高智慧，也是中国人以战止战的和平思想的反映。而要做到这一点，既要依靠强大的军力做后盾，也要依靠人，尤其是主帅的人格魅力。化用一句古话来说，就是："道之所存，师之所存也！"

战例分析 （故事链接）：

拿破仑不费一枪一弹，重返巴黎，胜在战略

1814年3月底，由英、俄、奥、普等国组成的第六次反法同盟军攻入巴黎，法兰西第一帝国皇帝拿破仑被迫退位，被流放到厄尔巴岛，大革命中被打倒的波旁王朝重新复辟。

厄尔巴岛地处地中海北部，面积220多平方公里。这里气候温润，冈峦起伏，花木扶疏，本是宜人养性之地。且拿破仑自带卫队，享有对该岛的绝对统治权，似乎他余生完全可以在这座小岛上舒心地当他的"岛主"。

但雄心勃勃的拿破仑，岂甘终老于小岛？他时刻关注着时局的发展。通过对外信函的联系和前来看望他的原下属带来的信息，他知道，尽管他下台只有短短的十个月，但普通民众对封建贵族的骄纵盘

剥已经难以忍受了，对波旁王朝的统治越来越不满了，人们十分怀念英雄拿破仑，希望他能再度领导法国。他还知道，1815 年初，在维也纳会议上，反法同盟因分赃不均而争吵不休，几乎到了刀兵相见的地步。洞明时势的拿破仑立马意识到，时代又给了他一次创造历史的机遇，他要东山再起了！

1815 年 2 月 26 日夜，他集结起 1050 名士兵和几尊大炮，乘坐七艘小帆船，避开监视厄尔巴岛的波旁王朝皇家军舰，经过三天三夜的航行，于 3 月 1 日下午到达法国南部的儒昂港。

他是精于谋划的战略家。鉴于目前拿着国王饷银的军队都是跟随他在欧洲大陆东征西讨、远伐埃及的原来下属，因此他有十足的信心。"我将到达巴黎，而不必放一枪。"他对部下说。

他也是长于表达的人。在儒昂，他发表了激情四溢的演说，号召忠于国王的军队集合在帝国的三色旗下，听从他的指挥，向巴黎进军！同时他下令他的军队在任何情况下都不得开枪。

不知是运气使然，还是儒昂驻军将领有意回避，拿破仑的军队到达儒昂时，当地军队开到对面的马格利特岛训练去了。拿破仑连国王军队的影子也没见到就通过了儒昂。真正与国王军队对峙的地方，还是在格勒诺布尔。

在格勒诺布尔附近的拉缪尔，他遭遇了国王的第五军团。这支被拿破仑统领过的军队，现在正奉命前来消灭拿破仑，因为他们的将军已宣誓效忠国王了。

对这支随自己征战多年的部队，拿破仑相信他们会念及旧情。他带着他的队伍迎头走向第五军团把守的拉弗雷隘口时，他命令他的部队左手持枪、枪口朝下。当前进到射击距离时，他让其他人停下来，自己则跳下马，继续前行。大约走出十来步远，他向对方喊话道："第五军团的士兵们，你们认出我了吗？如果你们当中有人想杀掉皇帝,那就尽管动手吧!"说完,他敞开了他的灰大衣。

现场一片寂静,寂静得连双方的呼吸都听得出来。猛然间,对面有士兵喊道:"皇帝万岁!"这一喊声就像春雷震醒大地一样,紧接着"皇帝万岁"的喊声如山呼海啸般地在两边军队中响起!第五军团的官兵举着昔日皇帝的鹰旗投奔过来。他们与拿破仑的军队走向一起,拥抱在一起,很快汇成了一支7000人的队伍,浩浩荡荡地向里昂进发。

3月10日,他们到达里昂。

阿图瓦伯爵被国王路易十八派来阻止拿破仑的进军。出发时,他向国王表示:"我要灭了拿破仑!"然而,等他见到拿破仑和他的军队向他走来时,他的狂妄灰飞烟灭,他跑了。守城的麦克唐纳元帅见势不妙,也跑了。

内伊元帅被路易十八派来做最后一搏。国王对他倚之甚重,几乎把王朝能调动的军队都交给了他。但国王也许忘了,内伊曾是拿破仑"铁的队伍"中"勇士中的勇士"。1812年攻打莫斯科时,有人向拿破仑报告,说内伊失踪了。焦急的拿破仑说:"我情愿把杜伊勒里宫地窖里的2亿黄金统统拿出来,来换取他的生还!"因此,内伊根本不想反对他的老上司,而拿破仑对他这位老部下也心知肚明。他派一员骑兵给内伊送去一张便笺,内写道:"内伊,到夏龙迎接我。我将像在莫斯科郊外之战的第二天那样接见你。拿破仑。"内伊服从了,他让他的部队将戴国王的白色帽徽换成了戴忠于皇帝的三色帽徽。里昂回到了法兰西帝国的怀抱。

3月19日傍晚,拿破仑进入枫丹白露。路易十八这下子慌了,肥硕的他带着妻子赶紧收拾细软。他无暇他顾,就连杜伊勒里宫的仆人将墙上的白旗换上帝国的三色旗,将宫里的地毯由波旁王朝的百合花图案换上帝国的金蜜蜂图案也顾不得、管不了。

20 天的巨变里，巴黎的新闻界就像温度计记录的刻度一样，记载着拿破仑的行军进程：从"恶魔已从放逐地逃脱""科西嘉狼人在戛纳登陆""老虎在加浦出现，已派兵阻截，亡命徒遁入深山"，到"怪物利用阴谋，竟已到达格勒诺布尔""暴君进入里昂，恐怖笼罩一切""波拿巴极速前进，但他永远进不了巴黎"，再到"明天拿破仑就会兵临城下""皇帝陛下抵达枫丹白露"。

3 月 20 日下午，路易十八一家逃出杜伊勒里宫，逃出巴黎。

当日深夜，拿破仑进入巴黎。在杜伊勒里宫前，欢呼的人群如海浪般地涌向拿破仑，"皇帝万岁"声响彻云霄。人们将拿破仑抬进皇宫，抬进二楼皇帝曾经办公的大房间。

拿破仑兵不血刃地恢复了法兰西第一帝国。

国君不宜盲目指挥战事

故君之所以患^①于军者三：不知军之不可以进而谓之进，不知军之不可以退而谓之退，是谓縻^②军；不知三军之事，而同^③三军之政者，则军士惑^④矣；不知三军^⑤之权^⑥而同三军之任^⑦，则军士疑矣。三军既惑且疑，则诸侯之难至矣，是谓乱军引^⑧胜。

《注 释》

①患：危害。

②縻（mí）：牵制，指军队受到束缚。

③同：参与，插手。

④惑：迷惑。

⑤三军：古代军队分为上军、中军、下军，或左军、中军、右军，后用"三军"统称军队。

⑥权：权变。

⑦任：指挥。

⑧引：招致，导致。

❖译 文❖

所以，国君危害军队的事有三种情况：不清楚军队不可前进而强令它前进，不清楚军队不可撤退而强令它撤退，这叫作束缚军队；不懂军队的内部事务而插手干预军队的行政，将士们就会迷惑茫然；不懂军队战略战术的权宜变化而参与军队的指挥，将士们就会疑虑不解。军队既迷惑又疑虑，各诸侯国乘隙进犯的灾难也就降临了。这叫作自乱军心，自招败亡。

❖解 读❖

在战争这种事关国家兴亡的大事面前，主帅比如国君应该秉持怎样的态度？孙子的意思是，不懂军事的就不要瞎掺和，不懂指挥的就不要乱决定。否则，乱军毁己，祸患至矣！这也告诉我们，在工作中，主要领导者要有自知之明，行于当行，止于当止；切忌盲目自大，固执己见，强不知以为知，随意干预下属的行动。倘使这样，则成事不足，败事有余也。

战例分析 (故事链接)：

南燕皇帝鲁莽开战，导致身死国灭

慕容超是南北朝时期十六国之一南燕的第二个皇帝，也是末代皇

帝，鲜卑人。他是遗腹子，父亲慕容纳被人杀后，母亲生下了他，带着他与他祖母一道，先流落在河西走廊的张掖地区，后逃难到长安。最后他为奔前程，又不得不抛弃亲人，来到了南燕。

南燕是慕容超叔叔慕容德建立的国家。慕容德无子，侄儿慕容超来后，他欢喜异常。加之慕容超身长八尺，腰带九围，神采秀发，举动优美，且待人谦恭，因而很快就立慕容超为太子。慕容德去世后，慕容超就做了皇帝，年号太上。谁知这人登上大位之后，真面目就露了出来：他喜好游猎，荒于朝政；摒弃忠良，听信奸佞；狂傲自大，拒纳善言。

太上五年①正月初一，慕容超在东阳殿上朝会群臣。按礼，大臣叩拜之时，当随舞乐而动。但慕容超觉得这些乐伎素质太差，舞乐节奏不齐，他想派人到南边东晋那里去掳掠一些乐工来。

这纯是心血来潮之举。大臣韩卓劝谏道："陛下应该关起国门休养国力，以待天赐机会（一展宏图），切不可和南方邻国结怨，多树仇敌。"慕容超很不耐烦地说道："我已打定了主意，不跟你废话！"皇上都这般态度，那谁还敢说话？于是，当年2月，慕容超派大将斛谷提、公孙归等人攻陷东晋的宿豫，抓了阳平太守刘千载、济阴太守徐阮，大肆抢掠一番才走。最后从掠来的人中选了二千五百名男女，让太乐教他们歌舞。

不久，尝到甜头的慕容超又派公孙归等入侵东晋的济南郡，抓走了太守赵元，掳走了一千多人。

慕容超的野蛮行径激起了东晋权臣，时任扬州刺史、中军将军刘裕的愤慨。他上奏要讨伐慕容超，得到晋安帝司马德宗的准允。4月

---

① 公元409年。

11 日，刘裕率军从建康①出发，5 月到达下邳②。在这里，刘裕留下船舰、辎重，率部徒步朝琅琊③进发。

听到东晋大军北征消息，慕容超在东阳殿上召见群臣，商量抵抗之策。

侍中、尚书、领左卫将军公孙五楼献言道："晋军轻装疾进，行动果决，利于战斗，初始时锋芒锐利，难与抗争。我们应占据大岘山，使其无法进入我们的腹地，旷日持久，就消磨了他们的锐气。这时候我们再慢慢挑选二千精锐骑兵，沿着海路向南进发，截断其粮草运输；另派段晖大将率兖州军队顺着山坡向东边攻下来，使其腹背受夹击，此为上策。（如果皇上）命令各地长官凭险固守，计算好要储备的物资，其余则全部烧掉，铲除地里的庄稼，使敌人缺乏供给；坚壁清野，以待时机，这是中策。（如果）放任敌人进入大岘山，而我们再出城迎战，这是下策。"

公孙五楼是慕容超最宠信的大臣，慕容超让他总揽朝政；他的家族背景深厚，上文提及的公孙归是他的哥哥，大臣公孙颓是他的叔叔。因此，他就凭借这些条件在朝廷里结党营私、专权妄为，大臣升迁调职都得向他行贿。时人编顺口溜说："要想位列王侯，必先侍奉五楼。"可见公孙五楼势力之盛。

然而，就是这么一个受宠权臣的谏言，慕容超也听不进去。他说："我国京都④物资丰富，人口众多，不能一时进入战备状态。现在青苗遍布田野，不能全部铲除。假使要通过铲除禾苗来守住都城、保全性命，这个朕做不到。而今我国占据五州的广大地盘，拥有山河之

---

① 今江苏南京。
② 今江苏睢宁县。
③ 今山东临沂。
④ 广固，今山东青州市益都镇。

险固，战车万乘，铁马万匹，即使敌人越过了大岘山，到了平地，我们慢慢地用精锐的骑兵去踏平他们，他们也会成为俘虏。"

大臣慕容贺赖卢和慕容镇也苦谏慕容超要守住大岘山，来挡住晋军的进攻。慕容镇甚至举历史教训来劝诫慕容超说："以前成安君陈余没有派人把守井陉关，终于屈服于韩信；诸葛瞻①没有占领阴平的险岭关隘，最后被邓艾擒获。"但这些奏议被慕容超一一地拒绝了。

应该说，公孙五楼是个品行不端的奸臣，但这一次在防守大岘山的问题上，他还是颇有见地的。然而在刚愎自用、恃勇自大的慕容超面前，他也碰了一鼻子的灰。怪不得辅国将军、广宁王慕容贺赖卢退朝后对公孙五楼说："皇上不用我们的计策，亡国就在眼前了!"太尉桂林王慕容镇更是气愤地说："皇上既不能铲除禾苗固守险要，又不肯迁徙人口躲避敌寇，这跟刘璋②一样呀! 今年我们国家灭亡的时候，我一定会为此而死。你们这些中华的男儿，又要像吴越人一样文身了。"慕容超听闻后大怒，把慕容镇关进了监牢。

6月12日，刘裕大军进抵东莞③，前面就是大岘山了。大岘山位于今天山东沂山的东侧，南北走向；其西侧为沂山，东侧为黄墩山、龙山等高峰，两侧谷地为鲁中南北交通的要道，齐长城横亘东西，穆陵关筑建于此；自古以来，这里就是雄关险隘、易守难攻之军事要地。因此，当刘裕大军即将经过这里时，有将领担心慕容超会派重兵扼守关隘或坚壁清野，刘裕拈须笑道："燕国人最多在临朐布防，或退守广固，一定不会据守险要、坚壁清野。我敢向诸位保证!"

到底是刘裕料事如神! 当所部经过大岘山，不见南燕一兵一卒时，他举手指天，哈哈大笑。左右不解，问道："主公未见敌人，反

---

① 诸葛亮之子。

② 东汉宗室，益州牧，性懦弱多疑。

③ 今山东临沂市沂水、莒县一带。

而高兴，这是为何呢?"刘裕道:"大军已过险地，将士皆有必死取胜的决心;田间粮食遍野，兵马粮草不缺。敌人已在我掌控之中了。"

而慕容超此时还活在自己的想象之中。他派公孙五楼、慕容贺赖卢及左将军段晖率五万步骑兵进驻临朐。后见刘裕大军漫山遍野涌来，慕容超慌了，自己又带着四万多人赶往临朐。近十万人挤在临朐这个地方，吃水是个大问题。他命令公孙五楼去占领临朐南边的川源①。公孙五楼率精骑抢先到达目的地，刘裕的前锋孟龙符也接踵而至，双方随即展开激战。孟龙符以万人不敌之勇，几个回合下来即打败了公孙五楼，南燕军队溃退。刘裕率部跟着到达临朐。

在临朐，刘裕以四千辆战车从左右翼包抄南燕军队。双方大战于城南，半日未见胜负。后刘裕用计，以参军胡藩、咨议参军檀韶、建威将军向弥率领一支兵马，声称从海路赶来，绕到南燕兵马后面，向临朐发起攻击，一举拿下临朐。慕容超大惊，竟单枪匹马跑到正在城南作战的兖州刺史段晖的军中，整个人紧张得如筛糠一般，身子抖个不停。不过一个时辰，刘裕大军掩杀过来，南燕兵马大败，段晖等十将被斩。慕容超丧魂失魄，逃回广固。

惊魂安定后，慕容超似乎清醒了一些。他把外城的人都迁进内城，赦免了慕容镇，把他从牢里放了出来，授他录尚书事、都督中外诸军事，还先后派尚书郎张纲、尚书令韩范到后秦请求援兵，冀图扭转局面。

刘裕大军则死死围住广固城，外城被攻破后，内城已成孤岛。刘裕见内城十分坚固，一时难以攻下，就采取围而不打的办法，想最后迫使慕容超不战而降。围城期间，刘裕大打心理战:他派人截获了张纲，让张纲绕城一周，向广固内城的军民宣称"秦国被它的敌人刘勃

---

① 发源于沂山西麓，古称具水、弥水，今称弥河或巨蔑水。

勃打败了，没有援兵救我们了"，城内军民无不大惊失色。不久，他们又收到一个大礼物——韩范主动来到刘裕大营，表示归顺东晋！原来，韩范凭借和后秦皇帝姚兴的关系，从后秦那里求来了一万骑兵，但走到中途时，后秦遭到刘勃勃的攻击，姚兴又把骑兵收回去了。韩范万念俱灰，干脆投奔了刘裕。刘裕当然十分高兴，就带着韩范绕着广固外城走了一圈。南燕军民见了，顿时士气低落，无心再战。慕容超还想负隅顽抗，他派慕容贺赖卢和公孙五楼到城外与刘裕大军交战。这两人当然明白公开交战的后果，但君命难违，他们只好挖地道通到城外，想搞偷袭。结果刚从地道露出头来，就被围城军队打得抱头鼠窜，退入城中。

公元 410 年 2 月 5 日，经过八个月的围城之战，刘裕认为总攻时机已成熟，便传令向广固城发起最后攻击。南燕尚书悦寿见大势已去，打开城门迎接刘裕大军。慕容超带数十骑逃走，当天被擒，不久被押至建康问斩。南燕灭亡。

知己知彼，百战不殆

故知胜①有五：知可以战与不可以战者胜，识众寡之用者胜，上下同欲②者胜，以虞待不虞③者胜，将能而君不御④者胜。此五者，知胜之道也。

故曰：知彼知己者，百战不殆⑤；不知彼而知己，一胜一负；不知彼，不知己，每战必殆。

①知胜：预知胜利。

②上下同欲：欲，心志、意愿。此句意为上下同心协力。

③以虞待不虞：虞，准备。军队做好准备等待没有准备的对方。

④将能而君不御：御，干涉、制约。此句意为将领有才能且君主不会干涉军事行动。

⑤百战不殆：殆，危险。此句意为每次战役都取胜而不会让军队陷入危险。

◆ 译 文 ◆

有五种情况可以预判战争的胜利：知道什么情况下可以打，什么情况下不可以打的，能取胜；懂得根据兵力的多少而运用不同战法的，能取胜；将士同心同德的，能取胜；以有准备对付没有准备的，能取胜；将帅有指挥才能而国君不加干预的，能取胜。这五点，是预知胜利的法则。

所以说，了解敌人，也了解自己，再多的战斗都不会失败；不了解敌人，只了解自己，胜败的几率各占一半；不了解敌人，也不了解自己，每次战斗都很危险。

◈ 解 读 ◈

战争胜负是否可以预判？在稗官野史中，似乎诸葛亮、刘伯温这等大神是可以用手指掐出来的。常人能否做到呢？孙子认为也是可以的。他认为，如果对敌我双方的条件，做五个方面的有针对性的比较分析，以期知己知彼、把握全局，也就是做一个战争旋涡中的清醒者，而不是一介糊涂武夫，这样也是能够预知战争的输赢的。

战例分析 （故事链接）：

张绣对战曹操先败后胜的秘诀，在于知己知彼

张绣何许人？东汉末年割据军阀也。他的伯伯张济本是董卓的部

将，两人共同在凉州①起兵发家。后董卓发兵诛"十常侍"，立献帝刘协，专擅朝政，张济均参与其中。公元192年5月董卓被杀后，汉献帝为摆脱董卓部将李傕、郭汜的控制，于公元195至196年东迁洛阳，张济因率军护卫献帝升骠骑将军。之所以拉杂写这些事，是因为张绣从小跟着张济东征西讨，他与张济之间感情深笃，后面的事与此大有关系。

公元196年，张济因军中乏粮，便率部就食荆州。荆州刺史刘表当然不乐意了，双方就打了起来。结果，张济中流矢不治。临死之前，他留下遗嘱，命张绣统领所部，自此张绣也成了东汉末年众多军阀之一。不久，张绣听从谋士贾诩的建议，与刘表讲和，取得刘表的粮食供给；刘表则让他屯兵宛城②，屏障荆州，抵御北方的侵犯。

也还是公元196年，曹操又挟持汉献帝迁都许昌，自己则号令天下，整合四方。张绣驻守的宛城近在卧榻之侧，自然首先成了曹操的"整合"对象。

公元197年正月，曹操率数万大军南征，很快包围了宛城。张绣所部刚被刘表打败，面对围城的曹军，他如果"硬扛"下去，与曹操一搏，大约会城失人亡，成为刘表的牺牲品的。还是谋士贾诩献计，说依附刘表不如投降曹操，毕竟汉献帝还在其手上。张绣想想也是，就率众投降了曹操。

本来这样双方也没啥事，张绣降了曹操，做曹操的部属，张、曹各安其分便是。可曹操是出了名的好色，他看中了张绣的婶娘，也就是张济的遗孀邹夫人；且依势凌弱，还霸王硬上弓地娶了邹夫人。这让张绣深以为耻，口出恶言。曹操听说后计划除掉张绣，只是机事不

---

① 今甘肃武威。
② 今河南南阳。

密，让张绣知道了。张绣一不做二不休，先下手为强，于是带领所部围攻曹营。

由于事起仓促，曹操没有任何防备，因而吃了大亏：长子曹昂和侄子曹安民战死，坐骑"绝影"被射杀，连他自己也被流矢射中右臂。典韦勇冠三军，此时任曹操警卫营的最高长官——都尉。为掩护曹操，典韦堵住营门，一人力战数百人的进攻，杀敌无数，临死前还双臂夹着两具敌人的尸体与敌搏杀。因此战发生在淯水①，故史称"淯水之战"。

这一战，让张绣与曹操结了怨。张绣又转过来投靠了刘表，仍驻扎在宛城。

这仇曹操肯定是要报的。公元198年，他统兵南下，准备好好教训张绣，无奈螳螂捕蝉黄雀在后，北方另一军阀袁绍却想趁许昌空虚之际，偷袭曹军大本营。曹操得报后，急忙回撤。

这边张绣有刘表做后援，加上有此前获胜的加持，所以看到曹操退兵，就信心满满地要去追击曹军。贾诩劝阻说："您不可追，如果一定要追，定吃败仗。"贾诩有张良、陈平之智谋，张绣平素对他言听计从，但这一次，张绣认为自己赢定了，眼看一支夹着尾巴跑的队伍，怎么就追不得、打不赢呢？他听不进贾诩的建议，决意领兵去追曹军，还与曹军大打了一仗。结果不用说，大败而归。

贾诩在营门外迎接张绣。看着垂头丧气的张绣，他说："赶快收拾部队，追上去，这一仗一定能打赢！"

张绣以为自己听错了，问道："我们刚打了败仗，怎么还要追？"

贾诩说："情况已变，赶快去追！"

张绣集合散兵，再行追击，又追上曹军打了一仗，得胜而归。

① 今汉江支流白河。

张绣不明白这中间的道理，问道："我上次以精兵追击曹之退兵，您断定我会失败；我败后回来，您又要我以新败之兵去追击新胜之兵，您还说一定会取胜。结果一切都还真如您所说的那样。为什么我前后两次用兵相反，却都应验了您所说的呢？"

贾诩说："这也不难知道。将军您虽然善于用兵，却难与曹操相对。曹军新到却急忙退去，曹操一定亲自断后。您的追兵虽然精锐，大将却非曹军的对手，曹军士兵也都是精锐，所以我料定您要失败。曹操进攻您的时候，从来没有失算过，他的兵力还没有用尽就撤退，一定是他的后方出了变故。曹操既然在退兵途中打胜了将军您，后面他一定会轻装快退，只留下其他将军来断后。那些将军虽说也都英勇善战，但哪是将军您的对手呢？所以您再用追兵追击，就一定能取胜。"

张绣听罢，深为叹服。

第六：虚实篇

掌握战争的主动权

故知战之地，知战之日，则可千里而会战。不知战之地，不知战之日，则左不能救右，右不能救左，前不能救后，后不能救前，而况远者数十里，近者数里乎？

以吾度①之，越人②之兵虽多，亦奚益③于胜败哉？

故曰：胜可为也④。敌虽众，可使无斗⑤。

注 释

①度（duó）：推断，揣测。

②越人：越国人。春秋时期，吴越两国长期交战，孙子当时辅佐吴王，因此常以越指敌对一方。此处即泛指敌方。

③奚益：何能有益于。

④胜可为也：胜利可以预测乃至争取。

⑤无斗：没有战斗力，即无法与我军战斗。

❖译 文❖

所以，如果能预知在什么地方交战、在什么时间交战，那么即便是跋涉千里也可与敌交战；如果既不能预知交战地点，也不能预知交战时间，那么就会出现左军不能救右军、右军不能救左军、前军不能救后军、后军不能救前军的情况，何况远的相距数十里、近的也有好几里呢。根据我的分析，越国虽然兵多，但对战争的胜负又有什么帮助呢？所以说，胜利是可以创造的。敌人虽然人多，却可以使他们无法有效地投入战斗。

❀解 读❀

在战争进程中，把握战争的走向、掌握战争的主动权，是赢得战争的关键。蔡州割据自立、脱离唐王朝已长达三十余年，李愬收复蔡州、活捉吴元济，本是不具备条件的，但李愬的做法是有条件就利用条件，没有条件就创造条件。他一点点地蚕食蔡州的边地，逼近蔡州的中心；他利用天寒地冻、吴氏放松警惕时进军蔡州，这都是营造夺取蔡州、捉拿吴元济的天时地利之便。人是智慧之主，应役于物，而不为物所役，从而掌握事物的主动。这是本篇留给我们的重要启示。

战例分析 （故事链接）：

李愬掌握战争主动权，雪夜擒获吴元济

安史之乱后，唐朝中央权力被削弱，北方诸镇纷纷拥兵自重，擅权自专，与朝廷分庭抗礼，形成藩镇割据、"国中有国"的局面。淮

西之乱极具典型。

淮西镇也叫彰义镇，治所在蔡州①，李希烈自任节度使起，就专权自立。后来他干脆自称皇帝，建国大楚。大家知道大书法家颜真卿吧，他就是在兴元元年②李希烈称帝时，被皇上派去做使臣劝谕李希烈，而被李希烈缢杀的。当然，李希烈这种人也不会有什么好结果的，他后来被手下陈仙奇毒杀。这之后，陈仙奇又被淮西兵马使吴少诚杀死，淮西开始成了吴家人的天下。唐德宗当时无力他顾，只好任命吴少诚为淮西节度使。在此任上，吴少诚抗拒朝廷政令，攻掠周边州镇，擅杀朝廷监军。唐德宗忍无可忍，诏令诸道讨伐淮西，不料在溵水一带被吴少诚连连打败。唐德宗最后只得以赦免吴少诚之罪、恢复其官爵了事。吴少诚死前，把节度使职位传给了他的弟弟吴少阳。元和九年③闰八月，吴少阳死，他的长子吴元济秘不发丧，还以其父名义上表朝廷，要朝廷将节度使一职授给自己。

但此时的皇帝是唐德宗的孙子唐宪宗李纯，这个皇帝同他爷爷大不一样。他继位后，先是任用强硬宰相武元衡"削藩"，武元衡被刺杀后，他又起用裴度为相，继续致力"削藩"平叛事业，吴元济自然是裴度要铲除的头号叛贼。为此，唐宪宗在裴度的赞襄下，将名将李光颜从洺州刺史调为陈州刺史，从北面攻击淮西；以寿州刺史令狐通、鄂岳观察使柳公绰从东、南等方向进逼淮西。西线的几位将领，先是唐邓节度使高霞寓、后是户部尚书袁滋，因战绩不佳，连连败北，拖了围攻淮西的后腿。鉴于此，时任太子詹事、宫苑闲厩使的李愬自荐到西线领兵作战。宪宗知其富有谋略，擅长骑射，遂于元和十

---

① 今河南汝南。
② 公元 784 年。
③ 公元 814 年。

一年①十二月任命他为左散骑常侍兼邓州刺史、御史大夫、随唐邓三州节度使，统率西路唐军。

初到西线战场，李愬很善于隐蔽自己的作战意图。当时西线唐军新败、士气不振，李愬就顺势而为，既不练兵整军，更不主动寻敌求战。他对将士们说："天子知道我有仁爱之心，忍耐力强，所以派我来抚慰调养你们。至于打仗的事，那不是我操心的。"将士们听了，都相信李愬所说的，高兴得很。

叛军方面呢，一则刚刚打败了唐军，知道唐军元气未复；二则对李愬的军事指挥能力并不了解，只把他当作无名之将，因而未增戒备。

李愬就利用叛军戒备不严的情况，频频出动"抓舌头"，从外围上削弱叛军力量、壮大己方兵力。吴元济手下的骁将丁士良、吴秀琳、李忠义、李佑等先后被擒，并归顺李愬。李愬对他们抚慰有加，以诚相待，妥加安置。这些人反过来成了唐军的干将。这么一来，前来投降的叛军相望于路，络绎不绝。李愬根据他们的情况，一一加以安排。归降者家中有父母需照料的，他还发给粮食和布帛，打发他们回去，并说："你们都是朝廷的百姓，不能丢下亲属不管。"归降者被感动得泪流满面。李愬还召来降卒询问淮西的底细，了解叛军的地形和兵力配备情况，这都为突袭淮西做好了准备。

与此同时，李愬还采取蚕食战法，攻取蔡州外围据点，打通西线唐军与北线、南线友军的联系。蔡州以西和西北的文城栅、马鞍山、路口栅、嵖岈山等淮西据点先后被拔，西线、北线唐军阵地因此连成一片；蔡州以南和西南的白狗、汶港、楚城等也被李愬部下夺取，蔡

---

① 公元816年。

州与申、光二州的声援由此断开，蔡州成了孤岛。到元和十二年①九月，李愬将所部主力运动至文城栅一带，突袭蔡州看来只等一声令下了。

为此，李佑向李愬建议说："现在蔡州的精兵都部署在洄曲和四邻边境上，守卫蔡州城的尽是老弱士卒，可以乘虚直捣其城。等到那时叛军将领发现了，吴元济已被我们擒获了。"李愬深以为然。

这一年的阴历十月初十日，朔风怒吼，大雪漫天。李愬集合所部，命令李佑、李忠义率精兵三千为前锋，自己和监军率三千人为中军，李进诚率三千人殿后，整军待发。但他并不告知行军的目的地，只是说："往东走就是了！"这是李愬向叛军布下的第一个迷魂阵。

走了六十里，天色渐暗。到张柴村，唐军杀死这里的戍卒，然后留下部分兵力镇守，其余均荷戈待发。有将领问往哪里走，李愬说："往蔡州捉拿吴元济！"众将都被吓得变了脸色。皇帝派来的监军哭着说道："我们果然中了李佑的奸计了！"

时风狂雪骤，旌旗撕裂，人马冻死者，路上随处可见。张柴村以东道路，众人都不熟悉，昏暗夜色中，只能深一脚浅一脚地向前挪动，都以为此行必死无疑。然而又都敬畏李愬的威严，没人敢抗令不遵。

这样走了不到七十里，来到了蔡州城外。接近城墙处，有一处鸡鸭池，李愬令士卒惊扰鸡鸭，以混淆行军之声。这是李愬为叛军布下的又一个迷魂阵。

这样到四更时分，唐军抵达蔡州城下，守城者仍然丝毫未觉。李佑、李忠义令人在城墙壁上挖出小坑，自己率先登城，其余勇士随之而上。此时守门士卒全都熟睡，唐军尽杀之，而独留击柝打更的，令

---

① 公元817年。

其继续巡夜报平安。李佑等遂打开城门，迎进众将士，城中人至此仍然没有发觉。这是李愬为叛军布下的第三个迷魂阵。

天快亮时，风停雪止，李愬进入吴元济的外宅。吴元济浑然不觉，还在内室酣然大睡。有人向他报告说："官军来了！"吴元济躺在被窝里笑道："那些俘囚作乱罢了，天亮后我当杀尽这帮家伙。"不一会儿，又有人来报告说："蔡州城已沦陷了！"吴元济仍然漫不经心地说："那一定是洄曲守军在向我索求寒衣。"起床后，他听到唐军传令，应者雷动，这才大为惊恐，急忙率领左右亲随登上牙城抗拒。

李愬入城后，一面遣李进诚进攻牙城，一面厚抚驻守洄曲的淮西大将董重质的家属，并派董之子前往招降。董重质大受感动，遂单枪匹马骑至李愬军前，纳头便拜，甘心投降。吴元济由此断了洄曲守军回援的希望。元和十二年阴历十月十二日，李愬令各处唐军再攻牙城，蔡州城内的百姓也纷纷背来柴草，帮助唐军焚烧牙城南门，南门遂被攻破。吴元济只得投降。

蔡州被攻下的当天，申、光二州及诸镇兵二万余人也相继投降。

根据敌情变化调整战术

　　夫兵形象①水，水之行，避高而趋下；兵之形，避实而击虚。水因地而制流，兵因敌而制胜。

　　故兵无常势，水无常形；能因敌变化而取胜者，谓之神②。

　　①象：类似，好像。
　　②神：神奇，高明。

　　用兵的规律就像水一样，水流动的规律是避开高地流向低处；用兵的规律是避开敌人防备坚实的地方，而攻击其薄弱之处。水根据地形情况而决定流向，用兵根据敌情变化而制订取胜的策略。所以用兵

作战并无固定的方式方法，就像水没有固定的形态一样；能根据敌情变化而夺取战争胜利的，就叫作用兵如神。

※ 解 读 ※

战争是实力的比拼，更是智谋的较量。这个智谋，包括战略上的运筹、谋划，也包括策略上的选择、设计，还包括战术上的机动、灵变。如水赋行，如气赋物，可根据现场的环境、条件和敌情，迅速调整对策，制订相应的战法，不拘泥于陈见，不执着于旧念。这样才可在变化万端的战场上，牵住战争的"牛鼻子"，引导胜利的方向。

战例分析 （故事链接）：

李广据敌情调战略，智退匈奴兵

李广是西汉抗击匈奴的名将。

他身形魁梧，臂力惊人，精于骑射。相传他某次打猎晚归时，朦胧中见一虎伏于草丛之中，便抽箭射之。众随从见虎被射中，忙端着武器上前准备捉之，谁知近前一看，全惊呆了！那哪里是一只什么老虎，分明是一块大石头，而且箭镞还射入石头很深，几个人都拔不出来！李广也很纳闷，后来他再怎么用力射击，也射不进石头。当时他是哪来的这一股子神力呢？他自己也不明白。不管怎样，李广箭穿石头的故事也因此传开了。

他二十七岁担任上谷郡太守，开始与匈奴人作战，后来又出任六郡边关太守，戍边四十七载，与匈奴大战七十余次。每次战斗，他都身先士卒，驰马弯弓，射敌无数。有时他还冲入敌阵，赤膊缚敌。匈奴人因此称他为"飞将军"。王昌龄的《出塞》诗云"但使龙城飞将在,不教胡马度阴山",其中的"飞将",说的就是李广。

李广打仗不只是骁勇敢战,更在于多谋善战。

他任上谷郡太守时,汉景帝派了位宦官跟他学习骑射和统兵打仗的本领。一次,匈奴人入侵,那宦官带着几十个骑兵巡边,正遇上三个匈奴人。不由分说,双方便对射起来。那三个匈奴人箭术高明,且纵马盘旋,飘忽若闪电,宦官带着的骑兵根本不是他们的对手。不多时,宦官手下的几十个人全被射杀了,宦官本人也被射伤,只能单骑跑回了李广的大本营。

听完宦官的哭诉,李广分析说:"这一定是几个射雕者!"于是,他带上百余骑兵去追赶那三个匈奴人。那三个匈奴人呢,也在刚才的激战中丢失坐骑,正徒步前行,因而也没走多远。李广一行不多时就追上了他们。

面对这么几个强悍的对手,李广没有简单行事。他命令部下左右散开,两路包抄,围住匈奴人。他自己则下马步行,张弓搭箭,追击匈奴人。结果,匈奴人两死一擒,李广及所部毫发无伤。

追问之下,那个被擒的匈奴人承认,他们确实是射雕人。

李广正准备率部回营时,却看见数千名匈奴人摆好阵势,远远地站着。李广他们大为吃惊,有人还想飞马逃跑。李广说:"我们距离大本营有数十里,现在如果凭着这一百多个骑兵逃走,匈奴人将很快追杀我等。但是我等如果留下来,匈奴人一定以为我等是大军的诱饵,不敢追击我们。"他命令所有部下都整装向前;前进到离匈奴人约两里的地方停下来,再命令大家"下马解鞍",直面对着匈奴人。

有士兵担忧地说道:"敌人这么多,而且就在眼前,如有紧急情况,怎么办?"

李广说:"那些匈奴人原以为我们会逃走,现在见我们都解下马鞍

72

以示不走，就会更加坚信我们是诱敌之兵。"

大家听罢，依计而行，匈奴人终于不敢发起攻击。

有一名骑白马的匈奴将领出阵来监护他的士兵。李广飞身上马和十几名骑兵奔至他们的前面，射死了那个骑白马的匈奴将领。之后又回到了自己的骑兵队里，解下马鞍，让将士们放开马，听任马儿或躺或卧或啃草饱腹。时值黄昏，天气渐暗，匈奴人始终不明白汉军的葫芦里到底装着什么药，因此不敢轻举妄动。半夜时分，风吹草低，簌簌作响，匈奴人疑心汉军在附近埋有伏兵，随时会趁着夜幕偷袭他们，于是就悄悄地撤走了。

天亮时，李广等一百余人安全地回到了大本营。

第七：军争篇

把握战机

是故朝气锐，昼气惰，暮气归。故善用兵者，避其锐气，击其惰归，此治气①者也。以治待乱，以静待哗，此治心②者也。以近待远，以佚待劳，以饱待饥，此治力③者也。

①治气：掌握并运用军队士气的变化规律。

②治心：掌握并运用士兵的心理特点。

③治力：掌握军力形势的变化要领。

因此早朝初至时，作战双方士气高昂，锐不可当；陈兵至中午，士气懈怠；日暮时分，人心思归，斗志益衰。所以善于统兵打仗的人，总是避开敌人的锐气，待敌士气衰竭时才发起攻击。这是掌握并运用士气的方法。以我之严整对付敌之混乱，以我之镇静对付敌之躁动，这是掌握并运用军心的作战方法。以我之就近作战对付长途奔袭之敌，以我之从容镇定对付疲惫涣散之敌，以我之饱食之师对付饥饿难耐之敌，这是掌握并运用军力形势变化的作战方法。

❋解 读❋

战争机器启动后，创造战机、把握战机就显得尤为关键。莽夫一怒，只逞一时之快；智者之忍，为着全局之胜。故有时为了创造战机，还得隐忍等待，等到敌方锐气耗尽，再开始出击。而战机一旦出现后，看准战机，并及时抓住战机，同样十分重要。战争的进程如此，人生的历程又何尝不是如此呢？机会悄然而至，也稍纵即逝。智者既能等待时机，也能看清时机、把握时机。这样才能步步为营、走向成功。

战例分析（故事链接）：

韩世忠把握战机，大败金兀术

南宋建炎三年秋①，金国元帅、右监军兀术继 1125 年和 1128 年两次侵犯南宋后，又率领 10 万大军，发起"搜山检海"战役，第三次入侵江南。

兀术为金太祖完颜阿骨打的第四子，此时正值盛年，长得身材高大，臂力惊人，为人有胆略，善骑射，是金军主将。因而这次南侵，

———————————

① 公元 1129 年 10 月。

他第一次跨过长江，就想一举活捉宋高宗赵构，灭掉南宋。

兀术的大军自河北出发，先后攻占濮州①、大名②、归德③等地。他占领宋江北重镇和州④后，于当年11月，率部由马家渡过江，击败杜充所率宋军，攻下建康⑤。在建康稍作休整后，他分派诸将攻略附近各地，自率大军横扫宋广德军的湖州、临安⑥、越州⑦、明州⑧。临安为南宋国都，宋高宗早在兀术大军抵达之前，即逃往明州。兀术便派阿里、蒲卢浑两员大将为前锋，领精兵四千，追击宋高宗。宋高宗慌不择路，登船逃到海上。阿里、蒲卢浑穷追不舍，泛海追至昌国县⑨，俘获明州太守赵伯谔。此时宋高宗已取道温州，逃往福州。阿里、蒲卢浑仍想从海路予以截击，直到遇上宋水军阻击，不敌，才退兵返回临安，与兀术合兵一处。

由此可见，金兀术凭借胯下的铁骑骏马，这一路杀来该是何等迅猛、快捷，又是何等嚣张、强悍！所谓"横扫千军如卷席"的霸蛮与张狂，可能就是这个样子吧！

然而，金兀术也好，阿里、蒲卢浑也罢，都还是俗胎凡夫，数千里的长途征战不可能不疲累，再高昂的锐气也有怠惰的时候。何况十万金军侵犯江南，烧杀抢掠，无恶不作，更会遭到南宋军民的反抗和打击。因而三个月的征战之后，金兀术也感到临安虽好，终不是久恋

---

① 今河南濮阳。
② 今河北邯郸。
③ 今河南商丘。
④ 今安徽和县。
⑤ 今江苏南京。
⑥ 今浙江杭州。
⑦ 今浙江绍兴。
⑧ 今浙江宁波。
⑨ 今浙江舟山岛。

之乡，便决定带着这支满身征尘、疲惫不堪的队伍北撤回归。

1130 年正月十五元宵节的晚上，正当金军在寒风苦雨中扛着旗帜向长江方向进发时，南宋浙西制置使韩世忠一面在驻地秀州①大摆龙灯、迷惑敌人，一面却率领八千将士，驾驶着海船，悄悄赶往镇江。他们屯驻焦山，准备在江面上拦截金军。

金军要过长江，当然也离不了战船。然而，他们驾船渡江时，当即遭到了韩部的拦击。出兵江南以来，他们还没碰到什么大钉子，现在面前竟横着个韩世忠，兀术顿时有喉咙卡着骨头般不爽。于是，他派人给韩世忠下战书，约定第二天在江面上见个分晓。韩世忠答应了，他早就想在水里教训这些无恶不作的侵略者了！

兀术手中有大军十万，韩世忠仅有八千将士，双方实力悬殊。那韩世忠何以有这份底气迎战强敌呢？作为一代战将，韩世忠早在北宋崇宁四年②即投身军旅，与西夏人作战，后在与金军多次战斗中，勇谋日显，军功日厚。他对金军的优长和弱点有着深切的了解。他知道，这些擅长骑射的人，依靠的是平原陆地的支撑，现在舍骑登舟，就像来到南方不吃肉食吃白菜、不吃面食吃米饭一样难受，驾驶不熟，坐船不稳；且他们所谓的战船都是在长江南岸抢夺来的民间船只，大小不一，高低不同，战斗力也谈不上有多强；兼之他们征战数月，疲态尽显。与这样一支看似庞大的军队作战，自己有着将士们习水性、识水情、精神饱满以逸待劳，船体大而坚等优势，一定能取得胜利。

果不其然，决战那天，金军战船众多，远远望去，黑压压一片，但多为小舟。而韩世忠的部队虽数量不多，但整体壮观。双方接阵之后，

① 今浙江嘉兴。
② 公元 1105 年。

金军自恃船多人众，如马蜂似的向韩世忠的部队袭来。韩部居高临下，刀砍箭射，无奈金军冒死靠前，杀之不尽，场面也确实有些怵人。

就在此时，韩夫人梁红玉站立旗舰指挥台上，披甲执桴，擂鼓助战。韩部士气为之大振！大家对金军在江南暴行的仇恨顿时全都化作了奋勇杀敌的嘶喊和坚矛利刃的刺杀！激战终日，金军被韩部舰船撞翻掉水淹死的、被射杀砍死的，约有一千余人，还有一百多艘战船被毁，几百人被俘，就连兀术的女婿龙虎大王也成了韩部的俘虏。

长江北岸的金军得知兀术被截，派船来接应。韩世忠令士兵抛出带着铁链的大挠钩，上前钩翻小船。金军落水后，被杀、被淹、被冻死的，不计其数。

兀术大败，又无计可施，只得向韩世忠表示，愿献出江南掠夺的全部财物，以求放其渡江。韩世忠斥道："还我两宫，复我疆土，则可以相全！"兀术无奈，只得趁夜色溯江西上。韩部则一路追击，最终逼使兀术窜入黄天荡。见此情形，韩部以海船锁住出江口，另派将士攻击黄天荡内金军，兀术被困住了。

黄天荡原为长江支汊湖区，约在今南京市栖霞区栖霞山和龙潭之间。据南京地方史料记载，一千多年前，此地通达长江，湖面辽阔，周边多为湿地，水深可没膝。兀术大军进入此地，出江口又被韩世忠锁住，他们犹如鸟兽进了牢笼，逃生无门，战斗乏术，很是绝望。

双方就在这不间断的封锁与反封锁中拉锯作战达48天之久。至当年三月，兀术在黄天荡附近悬赏寻求突围之道。有人献谋说，此地有老灌河故道可通秦淮河，"凿大渠接江口，则在世忠上流"。

兀术得此计策，遂令10万大军一夜之间开挖河道三十里，然后由河道进入秦淮河，再由秦淮河到达建康城西的长江江面，最终逃出建康。

尽管如此，黄天荡之役的48天经历，已让骄狂的金军遭受重挫。这也极大地鼓舞了南宋军民的爱国斗志。

第八：九变篇

将领有五种致命弱点

故将有五危，必死①，可杀也；必生②，可虏也；忿速③，可侮也；廉洁④，可辱也；爱民⑤，可烦也。凡此五者，将之过也，用兵之灾也。覆军杀将，必以五危，不可不察也。

注 释

①必死：此处指有勇无谋、蛮干死拼的行为。

②必生：与"必死"相对，此处指贪生怕死、临阵怯懦。

③忿速：急躁易怒。

④廉洁：此处指过分爱惜名誉，过分顾及形象。廉洁本是好事，但过分爱惜名誉则易被人捏住软肋。

⑤爱民：过分照顾民众的情绪，看重民众眼下的利益。爱民也是好事，但过分顾及下面的要求、看重民众的眼下利益，则容易被敌人抓住弱点予以痛击。

❖译文❖

　　所以，将领有五种致命的弱点：有勇无谋、蛮干死拼，可能被击杀；临阵怯懦、贪生怕死，可能被俘获；情绪急躁、冲动易怒，可能因敌人轻侮而失去理智；过分爱惜名誉、顾及形象，可能会因敌人贿赂而倍感侮辱；过分照顾民众的情绪，可能导致烦劳而不得安定。大凡这五点，都是将领常有的过失、统兵打仗的灾难。军队覆亡，将领被杀，一定因这五种致命弱点而引起，用人时不能不加以充分考虑。

❋解读❋

　　在身系千万人性命和国家安危的战争面前，指挥作战的将领，尤其是身处一线的大将的心理素质，也是决定战争胜败的重要因素。比如战争要不要打、什么时候打、怎么打，这都需要大将冷静、理性，充分发挥其战略决策力、分析判断力和行动执行力。倘使挟愤而战、自乱心智，那就离败局不远了。所谓"每临大事有静气"，可以为此做注脚。

战例分析（故事链接）：

子玉斗气一战，终致身死国辱

　　公元前七世纪中叶，南方楚国在楚成王治理下，国力日渐强盛，势力不断伸向中原，一众小国，如蔡、陈、宋、曹、卫等，都先后归附了楚国。此时齐桓公已死、齐国衰落，楚国颇有称霸中原的势头，一时风头无两。

但另一个正在兴起的中原强国——晋国——却看不惯楚国这个南蛮国的张狂。此时晋国经过晋文公的改革，国力如旭日东升、蒸蒸日上，面对气势如虹的楚国，它决定寻找机会教训一番、阻其北进。

这机会终于等来了。

公元前634年，宋国国君宋成公因其父宋襄公被楚人"伤股而死"的仇恨，见中原晋国力量日强，遂叛楚归晋。楚成王大怒，于次年冬，也就是公元前633年冬，派令尹子玉为主将，率领楚、陈、蔡、许、郑五国联军包围宋国国都①，宋人只好向晋人求救。

晋文公重耳是在外流亡十九年才回国坐上国君位置的。他流落到宋国时，宋襄公待他很好，这份情谊他不能忘，况且宋国刚刚归附了晋国；楚国这个"南蛮"已将手伸到了中原腹地，颇有雄心的晋文公早想出头阻击它。因此，无论从哪个方面来讲，晋都要救宋，想与楚国打一仗。但晋文公也有顾虑，一则晋去救宋，要经过卫、曹两个楚的属国，楚国会不会在卫、曹埋下伏兵，借机拦腰一击？二则不知齐、秦这两个东、西大国的态度如何；晋楚单挑，晋还没有胜算，它还需要联合齐、秦群殴楚国才有底气。于是大臣狐偃就建议"伐曹、卫而救宋"，晋文公允之。公元前632年正月，晋文公统率大军，攻占了曹、卫两国。但楚国人不为所动，眼见着曹、卫被灭，仍然一心围攻宋的国都。宋的求援使节每天都来向晋文公哭诉，晋文公也不敢再前进一步，因为他怕凭一己之力，对付不了楚国。

晋国少壮派将领先轸就献计说："我们答应去救宋国，同时让宋国送些礼物给齐、秦，请齐、秦与楚国交涉，让楚国退兵。"果真，齐、秦收到宋国厚礼后，便要求楚国从宋国撤军。宋国国都已含在楚

---

① 今河南商丘。

人口里，再让楚人吐出来，楚人哪里会干？晋、齐、秦便结盟一起来对付楚国。

这三国一联合起来，事情就复杂得多了。楚成王一见形势不对，便命令楚军后撤。楚军的两支偏师都听令撤了，唯独子玉率领的主力不仅不撤，还要成王给他增兵，以便与晋军一决高下。子玉是楚国贵族，其祖父若敖是楚国有名的国君，若敖死后，他的后代都称若敖氏，在楚国声势显赫。既然令尹有此要求，楚成王也不好一口回绝；但又不想出动大军，就派了若敖六卒——也就是若敖家族的一支六百人的私人武装前往支援子玉。

子玉为什么坚持要与晋军比个高下呢？是为国家吗？当然也有，但更主要的是赌气，是为了证明自己有大将之能。此话怎讲？原来，这次楚国出兵伐宋之前，楚成王先后派前任令尹子文和现任令尹子玉去阅兵。子文阅兵，用时一晌午，没惩罚一个士卒。子玉阅兵，用时一天，鞭责七人，箭穿三人耳朵；阅兵完后，众人纷纷向他敬酒，赞扬他治军严格。可司马蒍贾满脸不屑地说，子玉苛于枝节，而疏于根本，既不适于治民，也不善于带兵，如带兵超过三百乘①人，定会打败仗。堂堂楚国之令尹，能力如此，国人道忧尚恐不及，何遑道贺？子玉听后，气得脸色铁青，只是当着众人的面不好发作罢了。

所以眼看着就要与晋国人干上了，证明他的能力的机会来了，成王竟然要他撤军，他当然不乐意。他派大夫子越去向成王请战说："不是我一定要建功立业，是我要堵住说坏话的人的嘴。"

当然，子玉也并非莽撞之辈、一味蛮干。他想"不战而屈人之兵"，就派宛春做使者，去劝说晋文公，说：如果你们放了曹、卫的国君，我就解除对宋国的包围。这一招如果成功了，倒也不失为上

---

① 每乘有车上甲士和车后士卒共计七十五人。

策。可晋文公这时有了齐、秦做盟友，加之知道楚国君臣意见不一致，认为如果与楚开战，胜算很大，就故意挑起矛盾，把使者宛春抓了起来，并私下对曹、卫两国说，允许你们复国，只要你们跟楚国断绝关系。

这一下，子玉被彻底激怒了，他丢下宋国不管，竟带兵直逼晋军。晋文公见状，就下令晋军后退三舍①。这又是为何呢？原来，当时还叫公子重耳的晋文公因内乱出逃来到楚国，楚成王盛情款待了他。闲聊时，成王问他道："你将来如果回到晋国做了国君，怎么酬谢我呀？"重耳说："如果我们两国不幸要打仗的话，那就退避您三舍！"原来晋文公一方面践行自己多年的诺言，报答楚成王对他的礼遇——这样他一下子在天下人，尤其在下属面前占据了道义制高点！另一方面他也在施行"卑而骄之""怒而挠之"之计，让子玉骄狂轻视晋军。

事实也正如晋文公所料，子玉还真的以为这是晋军心虚、害怕他，他的心气立马膨胀了起来。他派大将斗勃向晋文公挑战说："我希望与您的将士们玩玩游戏，您呢，扶着车前把看看吧，我子玉也陪您一同观看！"

双方遂在城濮这个地方排兵布阵：晋军以先轸为元帅，统率中军，卻溱辅之；以狐毛统率上军，狐偃辅之；以栾枝统率下军，胥臣辅之。楚军以子玉统领中军，子西②统领左军，子上③统率右军；仆从国郑、许军附属楚之左军，陈、蔡军附属楚之右军。4月6日，楚军进抵晋军据守的城濮，子玉向全军下令："今天一定要灭掉晋军！"两军接仗时，晋军下军用虎皮蒙在战马身上，由胥臣率领，直冲楚军

---

① 合九十里。
② 斗宜申。
③ 斗勃。

右翼的陈、蔡军。陈、蔡军本是协从作战，相当于是来帮忙的，战斗愿望本不强烈，战马一见"老虎"奔来，不由得惊骇万状，四下逃散，楚右军遂败。子玉、子西见状，怒火中烧，率楚中军和左军加紧攻击晋之中军和上军。狐毛率晋上军设将、佐二旗，令二旗后退，引诱楚军追击。栾枝率晋下军以车辆拖着树枝向后狂奔，造成尘土飞扬、全军溃逃的样子。子玉窃喜，顾不得溃散的右军，直接率中军猛追晋之上军，把自己的左军也抛在了身后，致使左军的两边都暴露在晋军的眼皮底下。这个漏洞很快被晋军抓住，先轸和郤溱率晋之中军拦腰截击楚之左军，晋之上军也掉过头来夹攻楚之左军。楚之左军抵挡不住，阵形大乱，士卒丢盔弃甲而逃。子玉见左军、右军皆败，方如梦中惊醒，立即收住中军，停止进攻，退出战场。晋军进入楚军之营地，用其粮草大飨三日，班师回国。城濮之战结束。

经此一战，晋文公确立了中原霸主地位；楚国势力受遏，退至桐柏山、大别山以南地区。令尹子玉羞愤交加，自杀谢国。

第九：行军篇

观察敌情须心细且敏锐

原 文

敌近而静者，恃其险也①；远而挑战者，欲人之进也；其所居易者，利也②；众树动者，来也③；众草多障者，疑也④；鸟起者，伏也；兽骇者，覆也。尘高而锐者，车来也；卑而广者，徒来也⑤；散而条达者，樵采也⑥；少而往来者，营军也⑦。

注 释

①敌近而静者，恃其险也：敌近，敌人离我军近。恃其险，依仗其占据的险要地形。

②其所居易者，利也：敌人所处之地对其有利。

③众树动者，来也：树木摇动，表示敌人来袭了。

④众草多障者，疑也：路上草木障碍众多，说明可能有伏兵，要提高警惕。

⑤卑而广者，徒来也：尘土低而分布广，是敌人的步兵在进攻。

⑥散而条达者，樵采也：尘土四散飞扬，是敌人正在拽着柴木而奔走。

⑦少而往来者，营军也：尘土少，但时起时落，是敌人在安营扎寨。

◆译 文◆

敌人离我很近却能保持镇静，是他们自恃占据险要地形的缘故；敌人离我很远却敢前来挑战，是他们想诱我主动前进的缘故；他们据守平坦之地，是因为对他们有某种便利。丛林中枝摇叶动，表明敌人已隐蔽而来；草丛中遍布障碍，表明敌人设有疑阵；众鸟惊飞，表明敌人埋有伏兵；群兽骇奔，是敌人大举来袭；扬起的尘土既高且尖，是敌人战车驰驰而来；扬起的尘土低而宽广，是敌人步兵刷刷奔来；尘土四散飞扬，且呈条状，是敌人正拽柴而走；尘土少而时起时落，是敌人正安营扎寨。

❀解 读❀

大将的能力除了运筹帷幄、指挥若定外，还在于明察秋毫、见微知著，在于独具只眼的观察、预判能力。围棋中，高手出招有"走一，看三，谋十"之说，是说高手下一步棋，能看到三步棋的走势，能谋划到十步棋的布局。此理与大将判断战场形势有异曲同工之妙。因此，一个优秀的将领，既要有目光如炬的敏锐、心细如发的观察力，也要有透过现象看本质的预判力。这是本篇陈明的要义之所在。

战例分析（故事链接）：

年羹尧闻声识敌情

雍正元年①八月，青海蒙古和硕特部右翼首领罗卜藏丹津图谋割据青藏高原，便胁迫青海蒙古各部贵族于察罕托罗海会盟，自称"达赖浑台吉"，并发动武装叛乱。

雍正皇帝获悉罗卜藏丹津叛乱以后，即令川陕总督年羹尧办理平叛军务。他一边命令年羹尧等派兵接应被罗卜藏丹津袭击的亲清蒙古王公，一边让在西宁的侍郎常寿赴罗卜藏丹津军中宣谕，令其罢兵。而罗卜藏丹津叛心已定，不仅将常寿拘禁了起来，还聚众二十余万，率兵急攻西宁及其周边地区。一时之间，"西宁数百里之内，一切有名寺院喇嘛皆披甲执械，率其佃户僧俗人等，攻城打仗，抢掠焚烧，无所不至"。

十月，朝廷任命年羹尧为抚远大将军，从陕甘各地调集精兵往青海平定罗卜藏丹津的反叛。十月初六日年羹尧率军到达西宁，十九日即遇上罗卜藏丹津突袭申中堡、包围镇海堡，战事离西宁仅有二十余公里，形势一度颇为危急。

年羹尧十分警觉，他时刻关注着敌情变化。一天晚上三更时分，天地一片静寂，正坐在中军大帐中处理事务的年羹尧，忽然听到头顶飘过一串噗噗声响，似一阵疾风划空而过。年羹尧起初以为是夜风突起。可令他奇怪的是，过了一阵子空中就安静了下来。年羹尧心头一紧，不由得想道：值此万籁俱寂之际，天空倏地传来响声，当是飞鸟受惊腾起而致。飞鸟夜栖林中，何以受惊呢？无非是有人打扰了它们。

---

① 公元 1723 年。

是谁呢？一定是敌人利用暗夜在行动，而且目标就在附近。想到这里，他立马下令某参将率领飞骑三百，往西南方向的密林中搜捕。果然，清兵赶到密林后，发现数百叛军将武器放在一边，正三五成群地散坐在地上、靠在树根处和衣而休息，准备天亮前向清兵发起攻击。

见此情形，清军带队参将一声令下，三百清兵分成三队，两队人跳下战马，挥舞战刀，冲进林中砍杀；一队人则骑着战马在林边游弋，追砍逃出密林的叛军。激战下来，数百叛军全部被歼，一场危险就此解除。

众人对年羹尧的预判能力钦佩不已。

到当年年底，战事情况发生根本转变，清兵开始反攻、追击罗卜藏丹津的叛军。此时青海高原天寒地冻，处处冻得如铁板似的，这给清军骑兵作战以极大的便利。大家都认为，部队只可凭此向前冲杀即可。但年羹尧思考的并没有这么简单，他一直在留意战场的每一处环境。

一天，他在研究次日行军路线时，从地图上看到叛军老巢就安在一片广袤的沼泽地带的边缘。按照常理，此时这些水草地带应该早已结冰，清兵只管踏过冰面，直取叛军老巢就是。但年羹尧却不这样想，他下令说："明日进军，各人携板一片、草一束。"军中不解其故，但也只得遵行，因为年羹尧治军向以严酷著称，只要是他下的命令，军中上下不讲条件必须服从。因此，尽管心存疑惑，等到第二天行军时，军士们全都携着木板、背着稻草，冒寒而行。

等走到那片沼泽地带时，开始大家还以为上面会结厚冰、人马可以踏过。可一试探后，才发现沼泽水草上，仅仅结了薄薄的一层冰盖，别说是战马，就是人一踏上，也会陷进泥潭，深一些的地方，还动弹不得，难怪年羹尧会命令大家带上木板和稻草。军士们纷纷将束草掷入沼泽，再在上面铺上木板，深沟泥泞处也就畅行无阻了。叛军没料到清兵会突然到来，顿时乱成一团，老巢也就很快被攻了下来。

战后，众将领壮胆问道："大将军，您仅凭地图，怎么就知道那片沼泽地过不去呢？"年羹尧分析说，你想想，这些叛军生活在这里，熟悉这里的气候环境，他们把巢穴设在沼泽地的边缘，证明这片沼泽地就是他们的屏障，他们就是想要倚此为险、负隅顽抗。如果这片沼泽地能供人踏马踩，我们能轻易过去，那他们把巢穴安在那儿，岂不是坐在那里等着我们去抓？众将领听罢，个个佩服得五体投地。

雍正二年①二月，在奋威将军岳钟琪的辅佐下，年羹尧率部击溃了罗卜藏丹津主力，平定了青海。此役不仅将青海完全纳入清朝版图，而且震慑了西藏，稳固了清朝对西藏的控制，促进了西北大局的稳定。捷报传来时正值清明，雍正帝正在景陵祭奠。他大喜过望，回朝后即晋封年羹尧为一等公，并称年羹尧以下所有立功将士不仅是自己的"功臣"，更是"恩人"。而年羹尧在此役中表现出的军事判断和指挥能力，一直为后人津津乐道。

---

① 公元 1724 年。

第十：地形篇

统兵作战，地形因素不可忽视

◎原 文◎

夫地形者，兵之助也。料敌制胜，计险厄远近①，上将②之道也。知此而用战者必胜，不知此而用战者必败。

◈注 释◈

①险厄远近：地理的险隘远近情况。厄：险要之地。

②上将：主将。

◈译 文◈

地形是统兵作战的辅助条件。预先分析、判断敌情，运筹、制订战胜敌人的策略方法，研究地形的险要，计算战地的远近，这都是高明将帅指挥作战所应掌握的法则。明白这些道理并用来指挥作战，必定会取得战争的胜利；不懂这些道理而又指挥作战，必定会吃败仗。

❀ 解 读 ❀

　　世上的事物从来就是相互关联、互为依存的。战争，尤其是古代战争，影响的因素有很多，如天时、地利、人和等，这些都是行军作战不能不加以高度重视的条件。就山形水势等地理环境而言，如果利用得当，即可成为制敌的手段；如果未加利用，或利用不好，则会反噬其身、自遗其害。这就是事物两面性的所在，不可不熟虑之，慎待之。

战例分析（故事链接）：

晋国善用地利，崤之战大败秦军

　　地形是决定战争胜负的重要因素，其作用在现代战争中不可忽视，在冷兵器时代的战争中更为关键。

　　秦穆公在位时，选贤任能，国势日强，遂生向东图霸中原之野心。公元前628年，秦穆公得知他东面两个国家的国君（一个是晋国的晋文公，一个是郑国的郑文公）都死了，便想趁着人家国丧期间搞个偷袭，在东面捞一块地盘。晋国强大，他一口吃不下；但郑国弱小，却是可以做到的。于是他决定派兵去袭击郑国。

　　郑国距秦国有千里之遥，劳师远征，向来为兵家所忌讳；且要穿过晋国的国境，弄不好会引起秦晋战争，麻烦就更大了。因此，老臣蹇叔、百里奚听说后，纷纷去劝阻秦穆公。但尽管他们说得唾沫四溅、捶胸顿足，秦穆公就是铁了心要攻打郑国。

　　当年十二月，秦大将孟明视，副将白乙丙、西乞术率军出袭郑国；

次年春，通过崤山沟谷，越过晋国南境，到达滑国①边境。不料，他们遇上正赶往周国贩牛的郑国商人弘高。这弘高一看阵势不对，遂一面假充郑国使者，用牛和牛皮等来犒劳秦军；一面派人急速回国报警。孟明视见郑国派来了使者，就推想郑国知道了秦军的行动，已经备战待敌了，哪还敢前进？但数万大军浩荡而来，总不能空手而归呀！于是，他们顺势灭了滑国，带着战利品西返。当然，他们还是要经过晋国南部的崤山。

秦国的张狂野心自然招致了晋国的强烈不满。即位不久的晋襄公遂命令中军统帅先轸率军赶往崤山，秘密埋伏于东、西崤山的山谷两侧的峰岭之间；姜戎是当地的土著武装，全为步兵，长于山地作战，也被晋军联合起来，守在崤山的两侧。

公元前 627 年 4 月，肩挑车载着战利品的秦国军队进入沟壑纵横的东、西崤山交界地区。那里坡陡路险，山谷幽深。秦军想到来时山路顺畅，此时应该不会有什么问题吧？哪知他们走在羊肠小路、并不时欣赏路旁的野花小草时，忽听得山谷两头的峰岭间鼓角争鸣、喊声震天，晋军和姜戎像是从云端而降的天兵天将一般，把秦军堵在了山谷中。秦军进退不得，便各寻出路，分途突围。

晋襄公穿着孝服，持剑立于指挥车上。车停在一处平坦的山顶，可观察整个山谷中双方搏杀的情况。只见秦军狼奔豕突，逃无可逃；而晋军和姜戎愈战愈勇，抓俘虏如同在翻过的红薯地里捡红薯一样，整排整队地收拾。很快地，秦军无一漏网，全军覆没，就连孟明视、西乞术、白乙丙三位大将也被俘了。

晋襄公的母亲文嬴是秦穆公的女儿，她感念娘家之情，遂向襄公请求释放秦国三位大将，说他们是构成秦、晋二君间隙的祸首，应该让他们回国接受惩罚。襄公因此释放了秦国三将。

---

① 今河南偃师市西南。

将领指挥作战要有原则

故战道必胜，主曰无战，必战可也；战道不胜，主曰必战，无战可也。

故进不求名①，退不避罪②，唯人是保，而利合于主③，国之宝④也。

①进不求名：前进不追求（胜利的）名声。

②退不避罪：撤退不回避（违抗国君命令的）罪责。

③主：国君。

④宝：宝贵财富。

所以，根据作战规律分析有必胜把握的战争，即便国君不主张打，也应该坚决打；依据作战规律研判没有取胜把握的战争，即便国君要打，也应该坚决不打。因此，战不谋求获胜之名，退不回避失败之责，只以保全民众生命财产、维护国家根本利益为出发点，这样的将帅才是国家最宝贵的财富。

❋ 解 读 ❋

将领指挥作战的原则是什么？是国君的旨意和命令吗？在有些人眼里，将领受命于国君，当然要听国君的。但孙子并不完全认同这个观点。他认为，优秀的将领是要把国家的利益扛在肩上，把百姓的安危放在心头；指挥作战，是要根据战场的态势和战争的规律，实事求是地做出决定；不唯上，不唯书，只唯实，哪怕进攻对自己的名声会有损害、撤退背负着抗令的罪责，也在所不辞。这才是将领的优秀品质。

战例分析 （故事链接）：

为救赵国，信陵君舍命窃符，得罪魏王

魏安釐王二十年①，秦国继长平之战打败赵国、坑杀赵军四十万人之后，又一次发起了对赵国的战争。这一次，素有虎狼之师悍名的秦军，再度展现出强大的战斗能力：他们接连攻下赵国十七座城池，一鼓作气地打到了赵国的国都邯郸近郊，被围的邯郸岌岌可危。

赵国与魏国是近邻，原是一国分裂而来，历来有胞波情谊，赵国在此生死存亡之际，自然要向魏国求救。魏安釐王也爽快，在收到赵

---

① 公元前 257 年。

孝成王的求援信后，即派大将晋鄙带兵十万向邯郸进发。

秦国的情报也真是厉害。魏国这么重大的军事行动很快就被秦昭襄王知晓了。他让人送信给魏安釐王，咄咄逼人地警告他道："我们攻打赵国，很快就要拿下邯郸了。诸侯国中谁要胆敢去救赵国，待我灭了赵国之后，第一个要打的就是它！"魏安釐王一看，胆气大跌，传令给晋鄙，让他把军队停驻在魏赵两国交界的名叫邺的地方，等待观望。

战国时期有四个出身显贵、急公好义、门客众多、极富声望的公子，时称"四公子"，他们是赵国的平原君赵胜、魏国的信陵君魏无忌、齐国的孟尝君田文和楚国的春申君黄歇。其中，魏无忌的姐姐嫁给了赵胜，魏赵二人是郎舅关系。现在赵国大祸临头，魏安釐王举兵不前，赵胜当然会派人去找魏无忌。去的次数多了，总是无功而返，赵胜不免就责怪起来了。他托他的使者带话给魏无忌说："我当初之所以高攀您、结为姻亲，是因为公子您品高义重，能为人排难解纷。现在邯郸被破在即，而魏国援兵久盼不至，公子您急人之急、救人之难的高义到底在哪里呢？况且即便您看不起我、抛弃我，让我向秦国投降，您难道不替您姐姐考虑吗？"使者转达的赵胜这话说得虽然很重，但也不是没有道理，因为魏安釐王魏圉是魏无忌的同父异母兄长，且信陵君的大名天下闻知，在赵胜眼里，信陵君是能够在魏安釐王那里说得上话的。

其实赵胜有所不知，凭着信陵君这种慷慨仗义的品性，他能对赵国之难视而不见吗？他能不去魏安釐王面前求情吗？只是包括他的门客在内，他们去说了无数次好话，魏安釐王因害怕秦国犹豫难决、始终没有听他的罢了。

看来要通过正常途径让魏安釐王发兵去救赵国已经是不可能的了。信陵君又不忍心看着赵国灭亡而自己苟活于世上。没办法，他决定带上几千门客，乘着百余辆马车，到赵国和秦军拼死一搏。很快，这支队伍就出发了。当他们经过国都城门时，他把他们这次行动的目的告诉给了守城门的侯嬴，向他辞行。

侯嬴年过七十，家贫，但志气高洁，当年是信陵君屈驾枉尊、谦辞厚礼、费尽周折，才收入门下的。因此，信陵君将他们此行的目的告诉给他，实际上也是在和他诀别。谁知平素对信陵君敬重有加的侯嬴，听了信陵君的话后，只是冷冰冰地说道："公子努力呀！我老了，不能随行了。"说完，便回到屋里，没有任何送行的表示。

这让信陵君很是纳闷：天下人都知道，我待侯嬴不薄呀，今天我向他做生死告别，他怎么连一句安抚我的话也不说、连一点送行的意思也没有呢？难道是我有什么做得不对的地方吗？信陵君越想越不对劲，走了数里，又驾车回来，找到侯嬴，想问明缘由。侯嬴笑道："我就知道您要回来的。"又说："您现在带着这么点人马去解救赵国之难，这不是把肉投给饿虎吗？能起什么作用呢？"信陵君不解地问道："魏王不发兵，我能怎么办？我不能眼睁睁地看着赵国被灭呀！"

侯嬴说："您当然要管！我听说晋鄙的兵符常常放在魏王的卧室内；如姬最受宠幸，能自由出入王的卧室，一定能偷出兵符。我还听说，如姬父亲被人杀害，她悬赏三年欲寻凶手报仇，但连魏王都惊动了，就是没抓到凶手。如姬向您哭诉，您就派门客杀了她的仇人。如姬对您万死不辞，只是没找到机会而已。您如果请求如姬窃取兵符，如姬一定会答应，那样就可夺得晋鄙的军队，北救赵国，西攻强秦。这是建立五霸一样的功业呀！"

信陵君听罢，连连称是。他依计请求如姬，如姬果然偷出了兵符，交给了信陵君。信陵君临行时，侯嬴说："大将在外，国君的命令可以不接受，为的是国家的利益！你们此行，如果晋鄙顺从，就好办；如果不顺从，就杀了他。"晋鄙是魏国久经沙场、立有勋功的老将，信陵君一听有可能要杀了他，不免伤心坠泪。但为了挽救赵国，又不能不如此。这样，信陵君带着几千门客和力士朱亥，直奔邺城而来。

在邺城，信陵君假托魏安釐王的命令代替晋鄙来指挥军队。合符时，晋鄙表示怀疑，不愿交出军权。危急之中，朱亥掏出大铁锤，击杀了晋鄙。于是，信陵君统率军队，进军邯郸；城内的赵军也呼啸着杀出城门。秦军受内外夹击，大败而退，赵国因此得救了。

尽管信陵君因窃符而得罪了魏王，后来滞留、生活在赵国，但他为了国家利益而甘冒杀头危险的大义情怀，历来为人们所颂扬。

将领应关爱士兵

视卒如婴儿，故可以与之赴深溪①；视卒如爱子，故可与之俱死。厚而不能使②，爱而不能令③，乱而不能治④，譬若骄子⑤，不可用也。

①深溪：极深的溪流。比喻危险地带。

②厚而不能使：厚待士兵却不能使用他们。

③爱而不能令：溺爱他却不能使唤他们。

④乱而不能治：胡作非为时不能管束他们。

⑤骄子：被娇惯了的孩子。

将帅将士卒当作婴儿一般看待，士卒就可以与将帅共赴险难；将帅爱护士卒如同爱护自己的孩子一样，士卒就可以与将帅同生共死。厚待士卒却不能任用他们，溺爱他们却不能指挥他们，听其胡作非为却不去惩罚管束他们，这就如娇惯了的孩子一样，是不能用来御敌打仗的。

❋ 解 读 ❋

将军和士兵之间是一种什么关系？没错，是一种上下级的统属关系。但如果仅仅止步于此，还远远不够。战争是一种集体军事行动，它需要的是激情的号召力和坚定的执行力，需要的是上下同心、众志成城。而要做到这一点，将军和士兵之间不仅应有服从与被服从的等级，更有关爱与被关爱的温情。人是拥有情感的动物，没有情感的融合，何来目标上的一致呢？因此，但凡名将，没有不爱士卒的；但凡有魅力的团队负责人，也没有不致力于内部团结的。

战例分析（故事链接）：

吴起，得兵心者得胜仗

吴起是战国初期著名的军事家、政治家、改革家，他一生统兵作战无数，从无败绩，与孙武并称"孙吴"，被称为兵家四圣之亚圣、"常胜将军"。吴起打仗常胜不败的原因，除了高超的军事指挥艺术和因材施用的有力军事组织外，更重要的是他关爱士兵，与士兵同甘共苦，从而深得士兵的爱戴，因此大家愿意为他出死力、打硬仗，从而最终赢得战争的胜利。

吴起是卫国左氏①人，出生于一个"家累万金"的富裕家庭。早年习儒术，后学兵法，可以说是受过很好的教育的。鲁元公十七年②，齐宣公出兵攻打鲁国。鲁元公任命吴起为将，率军抵御齐军。吴起到达前线后，并没有立即发号施令，而是深入营寨之中，和士兵打成一片，听取他们的作战建议。鲁国原来的将军，多由贵族担任，他们身份高贵，是不屑于和下层士兵说话的，更别说听取他们的建议了。吴起此举极大地争取了军心，使鲁军上下团结、众志成城，最终打败了齐军。

鲁元公到底算不上一个明君。齐国人后来略施离间计，向外散布说，吴起接受过他们贿赂的美女和钱财，鲁元公没做任何调查，就不假思索地信了齐国人的话，疏远了吴起，不再授他官职。鲁元公死，其子穆公继位后，吴起的日子就更不好过了。吴起听说魏文侯贤明，于是一气之下，来到了魏国——时间大约在魏文侯三十七年③。

魏文侯对吴起的才能，尤其是军事才能此前并没有什么了解，他向大臣李克询问情况。李克回答说，吴起这人，论用兵打仗连司马穰苴也比不上他。司马穰苴本姓田，是与吴起同时代的军事家，曾率军打败燕晋两国联军对齐国的进攻，因功升为大司马，故称司马穰苴。魏文侯见吴起这么厉害，十分高兴。又通过对吴起的考察，发现他的军事造诣确实非同一般，就任命他为主将，率兵进击黄河以西的秦国地区，以解除秦国对魏国的西面威胁。

吴起果然没有辜负魏文侯的信任。随之几年，他率军先后占领了

---

① 今山东菏泽定陶区。
② 公元前 412 年。
③ 公元前 409 年。

秦国的临晋①、元里②、洛阴、郃阳等地，且每占一地，即筑城一座，以便巩固战果。在后来的战斗中，吴起又率部攻至今陕西渭南市华州区的郑县。秦军连战连退，最后退到洛水，只得沿洛水修筑防御工事加以防守。原本属于秦国的河西地区因此都被吴起占领。这些地盘连同魏公子击原先占领的繁、庞③两地，被魏文侯设为西河郡，任命吴起为西河郡守。秦军向来被称为"虎狼之师"，作风剽悍，作战勇猛，历来为各国军队所忌惮，可在吴起的军队面前，秦国的这些军队一经接触，即丢盔弃甲、每战皆北。

为什么魏军如此强大呢？一则是因为吴起建立了一支"武卒"部队。这支部队兵员选拔严格，训练严格，量材使用，同时待遇优渥。就兵员选拔而言，除身高要求外，体力更是考察的重点。合格的标准是身穿全副甲胄，携带戈、剑、弓、弩和三天干粮，每天从拂晓到中午，日行百里，连续三天，能坚持下来者即入选。就士兵训练而言，入选者早操扛石头，练习转腾跳跃，上、下午演练阵法、械斗或长途奔袭。就量材而用方面，吴起根据士兵的特长，分组编队。如"有胆勇气力者，聚为一卒"；"能逾高超远、轻足善走者，聚为一卒"。依《周礼·地官·小司徒》记载，"五人为伍，五伍为两，四两为卒"，也就是说，当时一卒为一百人。吴起就是这样根据战术需要分别部署部队，选择使用部队。"短者持矛戟，长者持弓弩……弱者给厮养，智者为谋主"，使部队人尽其才、各展其长。他还仿照管仲组建军队的做法，"乡里相比，什伍相保"，将乡邻编在同一伍、卒之中，利用其同乡之谊，发挥其作战中互助互保、协力作战的功效。对这些入选

---

① 今陕西大荔东南。
② 今陕西澄城南。
③ 今陕西韩城东南。

的士兵，吴起给予他们以优厚的待遇：不仅免除其全家的赋税，还分配其土地房屋；如果作战有功、受伤或死亡，则有另行奖励和抚恤。这种激励机制既鼓起了士兵战场上的斗志，又解除了他们的后顾之忧，颇有"一人入伍，全家受益"的意思，由此使"武卒"成为一支能打硬仗死仗的尖兵部队、特战部队。

这是魏国军队战无不胜的法宝之一。

魏国军队强大的另一个原因是吴起对士兵的关爱，从而形成将卒团结、上下一心的凝聚力和战斗力。

吴起虽为主将，却从不在部队中搞特殊。行军时，他和士兵一样，吃菜咽糠，背负装备，放弃车乘，徒步行军；宿营时，他不铺垫褥，睡在不加平整的田埂上，树叶盖身以避风寒，从没有什么"帅营""中帐"之说；日常中，他嘘寒问暖、关爱士兵疾苦，从而让士兵深受感动，打仗也就特别卖力。

有一则"吮卒病疽"的故事，是很能说明吴起之得兵心的。这故事说，有一次，有个士兵生了恶性毒疮。吴起发现后，就帮他挤脓液；挤不干净，就用嘴去吸吮，直到清除干净为止。这个士兵的母亲听说后，竟然号啕大哭起来。旁人不解，问道："你儿子只是一个小卒，将军却亲自替他吸吮脓液，你没有感激，怎么还哭呢？"那位母亲说："不是这个原因。以前吴将军为我的夫君吸吮毒疮，我的夫君在战场上拼命杀敌，很快就战死了。如今吴将军又给我儿子吸吮毒疮，我不知道他又会在什么时候死在什么地方。因此，我才哭他呀！"

正因如此，吴起的军队真正做到了攻无不克、战无不胜、所向披靡。史书上说："与诸侯大战七十六，全胜六十四，余则钧解。辟土四面，拓地千里，皆起之功也。"

得民心者得天下，得兵心者得胜仗，古今的道理都是相通的。

第十一：九地篇

置之死地而后生

凡为客①之道：深则专②，浅则散③。去国越境而师④者，绝地也；四达者，衢地也；入深者，重地也；入浅者，轻地也；背固前隘⑤者，围地也；无所往⑥者，死地也。是故散地，吾将一⑦其志；轻地，吾将使之属⑧；争地，吾将趋其后⑨；交地，吾将谨其守；衢地，吾将固其结⑩；重地，吾将继其食⑪；氾地，吾将进其涂⑫；围地，吾将塞其阙⑬；死地，吾将示之以不活⑭。故兵之情：围则御，不得已则斗，过则从⑮。

投之亡地然后存，陷之死地然后生⑯。

①为客：进入敌国境内作战。

②深则专：进入敌境越深，士兵的凝聚力就越强。

③浅则散：进入敌境越浅，士兵的凝聚力就越容易消失。

④去国越境而师：离开本国进入敌境作战。

⑤背固前隘：背后地势险固，前面道路狭隘，这是个前后受制于人的地形。

⑥无所往：无路可走。

⑦一：使……专一、统一。

⑧属（zhǔ）：连接。

⑨趋其后：急速行进到它（争地）的后面。争地为双方争夺之地，故需急速行进、快速占领。

⑩固其结：巩固与其他诸侯的结盟关系。

⑪继其食：保证军粮供应。

⑫进其涂："涂"同"途"。迅速通过所经之地。

⑬塞其阙："阙"同"缺"，指缺口。本句指堵塞缺口。

⑭示之以不活：展示如果不战胜敌人则必死的结果，以死求生。

⑮过则从：陷入困境，士卒无不听从。

⑯投之亡地然后存，陷之死地然后生：前后意思大体相同，都是讲士卒陷于危险境地，才能激发斗志以求得生路。

◆译 文◆

大凡进入敌国作战的规律是：深入敌境，军心就容易集中统一；浅入敌境，军心就容易松懈涣散。离开本土越过国境来作战的地方，是绝地；四通八达的作战之地，是衢地；深入敌境的纵深之地，是重地；进入敌境不远的地方，是轻地；背靠坚固险要、面对狭窄通道的地方，是围地；无路可走的地方，是死地。有鉴于此，军队处于散地，我们就要凝聚军心、统一意志；处于轻地，我们就要约束部队，使其队伍齐整、前后相连；处于相互争夺的地方，我们就要迅速出兵，抄敌人的后路；处于敌我双方交接之地，我们就要谨慎防守；处于诸侯国交兵之衢，我们将巩固与诸侯国的结盟；处于远离本土、隔着众多敌国城邑的重地，我们就要保证其后勤补给不断；处于难以行军的汜地，我们就要快速通过；处于道路狭隘、退路迂远、敌能以少击我之围地，我们就要堵塞缺口、筑好营寨；处于急战则存、不急战则亡的死地，我们要显示拼死一搏的决心和勇气。所以，士卒的心理状态就是：被敌包围就会奋起抵抗，形势逼迫就会拼死搏斗，身处绝境就会听从指挥。

❀ 解 读 ❀

战争是武器装备的较量，更是人的精神意志的比拼。在战场这个极度紧张、极度危险的地方，双方士兵意志、毅力的强弱具有至关重要的作用。如何激发士兵的斗志呢？办法有很多。项羽的做法是"使蛮"：把烧饭的锅砸了，渡河的船烧了。这样做的结果是，让你退无可退、逃无可逃，反而会激起求生的能量，只能拼死往前、放手一搏了。可见，环境对人的精神的影响是巨大的。每个人时常要提醒自己，"逸豫可以亡身"，太舒适的生活环境往往并非好事。它会使人安于现状，不思进取；而"艰难困苦，玉汝于成"，吃苦受累倒能让人不忘初心，不断进取，勇克难关，创造奇迹。

战例分析 (故事链接)：

破釜沉舟战章邯，项羽大获全胜

公元前 209 年，陈胜、吴广起兵反秦，其后各地纷纷响应。尤其是原六国的贵族，也先后举旗复国，天下就此形成纷攘乱争的局面。

江东人项梁、项羽叔侄也加入了这场反秦斗争的行列。他们本来出身贵族，先祖世代为楚将，于是起事后，就扯起为楚复国的旗帜，找到正为人放羊的楚怀王孙子熊心，顺从老百姓想念楚怀王的心愿，立之为楚怀王，接受其指挥。

不久，项梁战死，项羽继续领军与秦作战。

公元前208年9月，秦将章邯率兵四十万渡过黄河，北攻赵国反秦势力。赵王歇及丞相张耳、将军陈余等抵挡不住秦军的攻势，皆避入今河北省邢台市平乡县西南的巨鹿城中。章邯令手下王离、涉间率二十万人围困巨鹿，自己则率军二十万屯于巨鹿南数里的棘原，以期"围点打援"。为便于两地秦军互通声气，章邯还下令构筑土墙，修建甬道，直抵王离军营，以运粮草、兵员。赵将陈余率军数万屯于巨鹿以北，因兵少不敢援救赵王，巨鹿城危在旦夕。

兔死狐悲。面对友军遭此危局，楚怀王决定派宋义为上将军，项羽为次将，带领二十万人马去救赵国。只是楚军浩浩荡荡到达安阳①后，却安营扎寨，住下不走了，而且一住就是四十六天之久！要知道，赵国可是望眼欲穿期盼援军呀！

心急如焚的项羽气呼呼地去找宋义，说："秦军围了巨鹿，形势万分危急，咱们赶快过河去，跟赵军来个里应外合，这样就能打败秦军了。"

宋义摇摇头说："不行呀！你看那能叮咬牦牛的牛虻拿小小的虮虱毫无办法。如今秦军攻打赵军，如果打赢了，士卒会疲惫，那时我们就可利用他们的疲惫，战胜他们；如果打不赢，我们就率领部队擂鼓西进，一定全歼秦军。所以，现在不如先让秦、赵两军相斗。"

---

① 今山东省曹县东。

项羽皱着眉头说："哪能这样对待友军呢?"

宋义盯着项羽说："你呀，若论披坚执锐、勇猛杀敌，我宋义比不上你；若论坐在帐中运筹决策，你可比不上我宋义!"

项羽气得吹着胡须走了。宋义怕还有人来质询他，就通令全军说："倔强不听指挥的，一律杀无赦!"

压下了军中反对声音后，他又派儿子宋襄去齐国为相。他亲自把儿子送到无盐，且置备酒筵，大会宾客。时为十一月，天气寒冷，又下着大雨，士卒们一个个饥寒交加，大家怨气满腹。项羽乘机对将士说："弟兄们! 我们本来是来合力攻打秦军的，但上将军却停留在此，久久不前。如今正值荒年，百姓贫困，将士们吃的是芋芳掺豆子，军中没有存粮。他竟然置备酒筵，大宴宾客，不率领部队渡河去从赵国取得粮食，跟赵国合力攻秦，却说要'利用秦军的疲惫'。上将军不体恤士卒，却派自己的儿子去齐国为相、谋取私利，这哪是国家贤良之臣的做法呢?"众人都觉得项羽说得有理。

项羽见人心已倒向他这一边，就决定采取断然行动。次日一早，他去参见宋义。就在军帐之中，他挥剑砍下宋义的头，然后向军中发令说："宋义和齐国同谋反楚，楚王密令我处死了他。"那些刚刚参加过宋义宴请的将领们，虽有些震惊，但都畏惧项羽，没有谁敢反抗。于是大家拥项羽为代理上将军。楚怀王见木已成舟，也做个顺水人情，封项羽为上将军。

项羽名正言顺地当上楚军统帅后，就率领所部悉数渡过黄河，前去解救巨鹿之围。过了漳河后，巨鹿就在不远。面对即将到来的大战，项羽先让士兵饱餐一顿，再各带三天干粮，最后下令凿沉渡船、砸碎饭锅、烧毁附近的房屋，以示有进无退、有胜无败、向死而生的决心。众将士皆提戟向天，山呼"杀敌"，列阵前行。此即"破釜沉舟"一词的来历。

就这样，自断退路的楚军将士很快切断了秦军的甬道，包围了王离的军营。待到与秦军接阵时，他们无不以一当十、拼死力战。一时间，巨鹿周边血溅肉飞、飞尘蔽日、杀声震天。经过九次拉锯激战，楚军最终大破秦军。秦军的两个主将——王离被俘，涉间拒不投降，自焚而死。巨鹿之围因此解除。秦军从此一蹶不振，节节败退。过了两年，秦朝就灭亡了。

楚军的骁勇善战也大大提高了项羽的声威。原来，巨鹿大战打响前，前来援救赵国的，还有十几路诸侯军队，他们因害怕秦军，均高筑营垒，闭门不战。大战打响后，即便见到楚军与秦军杀得昏天黑地，他们也还是躲在大营内，作壁上观。及至楚军取胜后，项羽于辕门接见各路诸侯，各路诸侯这时候才真正见识到了楚军的厉害。他们皆匍匐在地，不敢拿正眼看项羽。

项羽就此成了各路诸侯的统帅，领导了后续的反秦战争。

结盟须谨慎

原 文

是故不知诸侯之谋者，不能预交①。

注 释

①预交：预先结交。

译 文

因此，不知诸侯国的计谋，就不能预先结交。

解 读

国与国交往是以利益为先的。这其中充斥着的各种算计考量，甚至权谋奸诈，是纸上无法言说，也不能言说的。所以，在国与国的交往中，倘使作为主要决策者的一国之主不多一点防备意识，吃亏上当就在所难免了。楚怀王先被张仪欺骗，后被秦昭王忽悠，受辱他国、身死异乡、贻笑世人，这既是他固执己见、不纳忠言的结果，更是他头脑简单、轻信他人的必然。因而，就国家而言，结盟要谨慎；就个人而言，交友需留心。这都是历史教训得出的至理。

战例分析（故事链接）：

楚怀王在外交上多番受骗，身死异乡

公元前328年，楚怀王熊槐继位。此时楚国力量已达鼎盛，与秦、齐并称三大诸侯强国。但怀王并没有躺在先祖的荣光中坐享清福，反而在即位之初内修政治、外拓疆土，颇有一番励精图治、再创盛业的雄心。怀王六年①，楚军打败魏军，夺得魏国八座城池；怀王十一年②，魏、赵、韩、燕、齐、楚六国结盟，合纵攻秦，楚怀王被推为纵长，周天子还赐胙于他。楚怀王的声望一时无两。

怀王十二年③开始，楚怀王任用屈原进行变法，变法的内容包括奖励耕战、荐举贤能、开通言路、禁止朋党、明确赏罚、移风易俗等。由于改革触动了旧贵族的利益，加之楚怀王听信了上官大夫的谗言，这次改革除部分条款继续推行外，大部分举措被终止，改革失败。楚怀王性格上的优柔寡断、偏信固执等缺点也暴露无遗。后来他一再受骗，当与此性格弱点分不开。

怀王十六年④，秦计划讨伐齐国，但忌惮齐之邻国楚国。这时候

---

① 公元前323年。
② 公元前318年。
③ 公元前317年。
④ 公元前313年。

齐、楚因合纵抗秦而关系密切。因此，秦国国君秦惠王就想先离间齐楚关系，日后再各个击破。张仪辩才无碍，曾是楚怀王想得到的人才，此时正担任秦惠王的相国。秦惠王为了表示所谓的诚意，就免去了张仪的相国之职，让他专职使楚。

张仪一见到楚怀王，就说："敝国大王最敬重的只有大王，敝人张仪也希望能做一个为大王看门的小厮。"顿了顿，他接着说，"敝国大王憎恨齐王，我也憎恨齐王。可是大王却与齐国关系密切，所以敝国大王不能侍奉大王，我也不能为大王做看门的小厮了。"楚怀王听了，陷入沉思。

张仪继续说道："大王如能为了秦国对齐国封关绝交，那么今天就可以派使者随我前往秦国领取秦国占领的楚国的六百里商於之地。这样一来，大王便可北面削弱齐国、西面对秦有恩，还可增加商於六百里土地的财富。这可是一箭三雕的大好事呀！"

楚怀王听了，高兴不已。他把相国的玉玺赐给张仪，每天为张仪摆酒设宴，不时对臣下宣称："寡人终于可以收回故土商於了。"大臣们都来祝贺怀王，只有陈轸闷不作声。

陈轸原在秦国为官，不久前转来楚国，他对秦人奸诈无信深有了解。因而当看到怀王听信张仪的一番巧说，断绝了与齐国的外交关系后，陈轸忧心忡忡。

怀王问陈轸说："你为什么看起来闷闷不乐呀？"陈轸回答说："秦国之所以看重大王，是因为大王与齐王友好亲善。今天秦国答应交还商於之地，来让楚国断绝与齐国的外交关系，是为了孤立楚国。一旦秦国的计谋得逞了，秦国会如何看待孤立无援的楚国呢？到时候秦国肯定会轻视楚国的。如果秦国先交出商於，我们再与齐断交，那么，秦国的计谋就不能得逞。如果我们先与齐断交，再去索取商於，那我们一定会被张仪所欺骗。大王如果被张仪所欺骗，一定会怨恨他。这样一来，就等于西边招徕了秦国的忧患，北边断绝了齐国的友好。如此这般，韩、魏两国的军队一定会乘机入侵楚国。所以我感到十分悲哀。"

这番耿耿忠言，说得十分动情。可楚怀王却听不进去，他一意孤行地派了一位将军到秦国去接受商於之地。

再说张仪回到秦国后，就假装醉酒摔倒下了车，然后称病三个月未露面，楚国当然没有得到商於之地。

楚怀王说："莫非张仪认为我与齐的断交还不够彻底吗？"于是又派勇士宋遗到北边齐楚边境去辱骂齐王。齐王大怒，折断楚国的符节，反倒与秦国交好。

齐倒向了秦，秦齐联合完毕，张仪才上朝。这时，楚国将军还在驿舍里苦苦等着他。两人一见面，张仪假装吃惊地看着楚国将军，对他说道："你怎么还没去接收土地呢？从某处到某处，方圆有六里。"楚国将军说："我受命来接收的是六百里，没听说六里。"张仪连声说："那是你听错了，听错了，我可是从没说过六百里的事呀！"楚国将军气得翻白眼。但在人家地盘上，他能怎么样？只好忍气吞声，立即返楚，向怀王汇报。怀王大怒，准备出兵攻打秦国。

陈轸又劝说道："伐秦不是上策。不如趁机用一座名城贿赂秦国，联合秦国讨伐齐国，这样就能把从秦国身上吃的亏，又从齐国那里补偿过来。如此，楚国还可保全。如今，大王已与齐国断交，又兴师追究秦国的欺骗之罪，这就等于我们推着秦齐联合对付我们，然后引来天下的大军。这样的话，楚国一定会大受伤害啊！"

楚怀王像是吃了秤砣样的铁了心，仍不听陈轸的建议。他又与秦国断交，派军向西攻打秦国。秦国也派军迎击楚军。楚怀王十分恼怒，动员楚国全部兵力，妄图一举打败秦国。可结果是，两军在蓝田交战，楚军被围，十分被动。韩国、魏国得到楚军受困的消息，趁火打劫，出兵南下袭击楚国，一直打到邓。楚怀王后方被袭，只得率军撤出秦国。

楚怀王十七年①的春天，楚军在丹阳②又与秦军大打了一仗，秦军大败楚军，斩杀了楚军八万名士兵，俘虏了楚国大将军屈匄、偏将军逢侯丑等七十多人，还夺取了汉中的各郡县。

楚怀王十八年③，秦国派出使者与楚约定通好，并把汉中的一半地盘还给楚国以求和解。楚怀王说："寡人只想得到张仪，不要土地。"只要人、不要土地，这是件很划算的事。张仪听了楚怀王的话后，请求赴楚。秦惠王说："楚王正要抓住你才心满意足呢，怎么办？"张仪说："我与楚王的大臣靳尚关系很好，靳尚又很受楚王宠妃郑袖的信任，楚王对郑袖百依百顺。况且我以前出使楚国时违背了割让商於于楚的约定，今天秦楚交战有了新仇，我不亲自去向楚国道歉就不能消除仇恨。再说有大王在，楚国也不敢把我怎么样。如果楚国真的杀了我，只要对秦国有利，那也正是臣子的愿望。"于是张仪出使楚国。

张仪到达楚都后，楚怀王不见他，只下令囚禁了张仪，准备杀了他。张仪暗中贿赂靳尚，靳尚就替张仪向楚怀王请求说："大王拘捕了张仪，秦王知道后一定会很生气。天下诸侯看到楚国失去了秦国的支持，必定轻视大王。"

他又对郑袖说："秦王甚爱张仪，而大王却要杀他；现秦王将以上庸之地六县赂楚，以美人赠给楚王，以宫中善歌者做陪嫁。"

郑袖一见秦王要送楚王这么多的美女，那不是来给自己争宠吗？她心里大不乐意，就在楚王面前又是献媚又是撒娇，要楚王不要为难

———————————

① 公元前 312 年。
② 今河南淅川。
③ 公元前 311 年。

张仪。楚王拗不过，就放了张仪。

张仪刚离开楚国后，屈原就从齐国出使归来，进谏怀王说："大王为什么不杀死张仪呢？"怀王幡然醒悟，这才后悔不迭，连忙派人去追张仪。但张仪早就远遁，哪里有他的影子？

此后十余年间，秦楚之间仍然战争不断，多是楚国吃败仗。两国的仇怨越结越深。

楚怀王三十年①，秦国又一次出兵伐楚，夺取了楚国的八座城邑。此时秦国的国君是秦昭王，他给楚怀王写了一封国书，说："当今秦楚关系恶化，这很让人痛心。我希望和你在武关相会，订立盟约，解决两国分歧。这是我的愿望。"

楚怀王看到秦王的信后，很矛盾。想赴会，又担心受骗；想不去，又担心秦王发怒。当然，此时的他对秦国还抱着一丝希望，总以为秦王还会讲一点仁义道德。这时候屈原已被召回，他与昭睢皆称"秦是虎狼之国、不可信"，劝怀王不要去。但怀王的小儿子子兰以不应破坏和秦国的邦交为由，劝怀王赴约。怀王最终还是前往武关。

后面的情况是，秦国在武关埋有伏兵，等楚怀王一到会盟地，他们就关闭了武关的大门，断绝了楚怀王回国的道路，将楚怀王劫持到了咸阳，要求楚怀王用附属国的礼仪朝见秦王。楚怀王大怒，后悔没有听屈原、昭睢的话。此后，秦王逼迫楚怀王割让巫郡和黔中郡，被楚怀王严词拒绝，于是扣押了楚怀王。楚怀王中途曾逃脱羁押地，一路乞讨地来到了赵国。但赵国哪敢得罪秦国，收留他这个落难人呢？最后秦人又把楚怀王抓回了秦国。

可怜的楚怀王竟可悲地死在了秦国。

---

① 公元前 299 年。

第十二：火攻篇

勿因一时之怒发动战争

主①不可以②怒而兴师，将不可以愠③而致战。合于利而动，不合于利而止。怒可以复喜，愠可以复悦，亡国不可以复存，死者不可以复生。故明君慎之，良将警之，此安国全军④之道也。

①主：国君。

②以：因。

③愠：怨恨、恼怒。

④安国全军：使国家安定，使军队保全。这里的"安"和"全"都是动词的使动用法，意为"使……安全""使……保全"。

国君不可因一时之怒而发动战争，将帅不可因一时之怨恨而出兵

交战。符合我方利益就行动，不符合我方利益就停止。因为愤怒可以再变为欢欣，怨恨可以再转为高兴，而亡国却不可以复存，人死不可以复生。所以，明智的国君一定要慎于战争，优秀的将领一定要警惕战争，这是使国家安定、军队保全的法则。

❋ 解 读 ❋

战争是最激烈的解决问题的方式，是矛盾不可调和的总爆发。战端一开，那就地无分南北、人无分老幼，均有陷入战争泥潭的可能、均有生死存亡之不测。面对如此严重的甚至是残酷的现实，将帅在抉择时的态度，尤其重要：是通过战争，还是通过和平方式解决矛盾？是用勇力，还是用智谋处理争端？这都需要反复权衡，多方比较才可下定决心。如果和平尚有百分之一的可能，我们还是希望去做百分之一百的和平努力；如果战争已有百分之九十九的开打概率，我们仍然希望去做百分之一百的止战斡旋。将帅切不可凭一时之怒而发动战争，因为愤怒可以转为喜悦，恼火可以转为高兴，可战争一旦发动，后果都是无法预测的。国灭了，无法复存，人死了，无法复生，这才是问题的关键所在。就此而言，不可情绪化处事，特别是不可情绪化地做决定，当是人们应当牢记的原则。

战例分析 （故事链接）：

因糕点店被砸争一时意气，引发两场战争

1832 年的一天，墨西哥塔库瓦西小镇的一间糕点店，走进几名墨西哥官兵，点名要吃店长做的糕点。店长是法国人雷蒙特。可能是墨

西哥人肚子饿得慌，催得急了点吧；加上当兵的，习惯了大大咧咧、咋咋呼呼，雷蒙特便斥责他们粗鲁无礼，讥讽他们打仗不行、吃饭倒积极。这些在战场上卖命的墨西哥人，哪里受得了这份窝囊气，也哪里容得了一个法国人在他们地盘上如此放肆？于是，不管三七二十一，他们一阵吼叫，便将糕点店砸了个稀烂。

雷蒙特气急了，就向当地政府控诉、索赔。当时墨西哥共和国刚从西班牙人手中独立出来，国内政局不稳、治安较差。这次雷蒙特糕点店被砸一事，在当地政府看来，见怪不怪、稀松平常，也就没把它当回事儿。可雷蒙特咽不下这口气，就回国向本国政府申诉。法国政府认为本国公民在国外受了欺负，非同小可，就记下了这笔账。

事不凑巧，1836 年，墨西哥与西班牙所属的殖民地得克萨斯发生战争，被称为得克萨斯战争。战争耗费巨大，墨西哥政府财力短绌，只好向法国政府贷款。战争的结果是得克萨斯独立了，墨西哥输了。仗打输了，可贷款还得还呀，法国不仅要墨西哥偿还贷款本息，还将雷蒙特所受的损失一并算上，总计要价六十万比索。尽管雷蒙特那个小店损失只有一千比索左右，法国政府这次索赔时却高达六万比索，这在当时是一笔巨款。

面对这笔天价赔款，墨西哥政府自然不会答应。因此，1838 年，法国奥尔良王朝决定以夏尔·博丹为统帅，率领四艘护卫舰、三千名士兵，横跨大西洋，气势汹汹地向墨西哥杀来。博丹久历战阵，是法国海军名将，曾在拿破仑时代纵横印度洋洋面，多次打败对手。当然，炮弹无情，他自己也在战争中失去一臂，"独臂将军"也成了他的代号。国王路易·菲力普一世非常重视这场战争，特将自己的儿子儒安维尔亲王、海军上尉弗朗索瓦·奥尔良选作夏尔·博丹的副手。

法军在加勒比海占据着相当有利的条件：从地利而言，小安的列斯岛上的马提尼克与太平洋上的瓜达卢佩岛就在墨西哥的眼皮底下，它们控制在法军手里，是法军的重要补给站；就人和而言，美国和西班牙皆与墨西哥有隙，美军愿意派出少量部队助战，西班牙同意将其占领的古巴用作法军的进攻基地。法军的武器装备也胜过墨西哥一筹。看来此战法军胜券在握。

不久，法军军舰很快封锁了墨西哥湾。接着，博丹在通牒被无视后，于11月27日，下令炮轰墨西哥港口。一时弹下如雨，炮声震天，港口上空弥漫着烟尘。墨西哥人则凭借港口上的圣胡安-德乌卢阿城堡奋力反击。

法军显然低估了墨西哥人的反抗能力。战斗中，墨西哥人的一发炮弹击中了儒安维尔亲王坐镇的指挥舰，弹片击碎了他眼前的盘子，亲王也不得不脱帽向墨西哥人致敬。

但双方的实力差距是明显的。几个小时后，圣胡安-德乌卢阿城堡在法军的狂轰滥炸之下，已墙倾壁塌，岌岌可危，守军也死伤过半。博丹见墨西哥人抵抗渐弱，就修书一封，告诫墨西哥人最好走出城堡，举旗认输，"体面地投降"；否则，大炮之下，城破人亡，草木无存。守军经过权衡，决定举旗投降。法军以四人阵亡的代价攻占了圣胡安-德乌卢阿城堡。

墨西哥湾港口战役的失利，反而激起了墨西哥政府的斗志。墨西哥总统安纳斯塔西奥·布斯塔曼特宣布对法开战，并驱逐法国公民。他任命能征惯战的安东尼奥·洛佩斯·德·圣安纳将军为统帅，全权负责对法作战事宜。1839年2月，法军突袭韦拉克鲁斯镇，双方展开拉锯战。混战中，圣安纳将军坐骑被法军炮弹击中，他的左腿和胳膊被压在战马的身下。待抢救出来时，左腿已坏死，只得截肢。但法国人就此也感受到了墨西哥人的坚韧不屈，法军只得后撤。

1839年3月9日，在英国外交官的调解下，双方同意和解，墨西哥同意支付六十万比索的赔偿。第一次法墨战争（由于因糕点店被砸而引起，故称此次战争为"糕点战争"）结束。

只是后来法国国内政局动荡，墨西哥对这笔赔偿始终未付分文。这又引发了22年后法国和墨西哥的又一场战争，那场战争最终因美国的强硬干涉，法国再次无功而返，那份赔款条约也再次成为一纸空文。

尽管如此，因一家糕点店被砸而引发两次战争，于此也可见强权政治下的荒诞。

第十三：用间篇

间谍的使用需要智慧和技巧

非圣智①不能用间，非仁义不能使间，非微妙不能得间之实②。微哉微哉！无所不用间也。间事未发，而先闻者，间与所告者皆死。

注 释

①圣智：超凡才智。

②非微妙不能得间之实：微妙，指精细、奥妙，这里指用间的将帅谋虑精细，手段巧妙；实，实情。

译 文

不是才智过人的将帅不能使用间谍；不是仁慈慷慨的将帅也不能派出间谍；不是谋虑精细、手段巧妙的将帅不能分辨间谍的虚实。微妙啊！微妙啊！真是没有什么地方不使用间谍呀！用间的工作尚未展

开，就被泄露出去，间谍和泄密的人都要被处死。

❋ 解 读 ❋

使用间谍是克敌制胜的重要法宝，但如何使用却是需要多加考量的大问题，稍有不慎，轻则危及相关人员性命，重则造成战略失败，危及国家安全。从使用间谍的一方来说，将帅的聪明才智、心胸气度，乃至分析判断能力，都决定着"用间"是否得当，是否可靠，间谍所得信息是否真实准确等关键问题；从被使用一方，也就是间谍本身而言，他的脾性气质、专业素养，也决定着"用间"能否成功、个人生命能否保全等核心问题。就此而言，"用间"须慎，不可草率行事，而这又恰恰与孙子所主张的"慎战"思想是完全一致的，孙子思维的缜密于此可见一斑。

战例分析 （故事链接）:

金国打入宋朝的间谍，因一句话而身份暴露

公元 1149 年，金国右丞相完颜亮斩杀金熙宗，自立为帝。在位期间，完颜亮削弱宗藩势力，加强中央集权，发展社会经济，金国国力大为增强。完颜亮本来就富有才华，十分自负，现在国力强盛了，他更是产生了消灭南宋、一统江山的想法。为此，他派出不少间谍潜入南宋刺探情报。而在这些间谍中，刘蕴古最富传奇色彩。

刘蕴古是公元 1161 年初来到宋金交界的寿春的。靖康之变后，公元 1142 年，宋金达成和议，两国东部边界以淮河为限，宋设淮南西路，置安丰军，管辖淮河以南大片土地，寿春即其属地。刘蕴古以珠

宝商人的身份居住于此。众所周知，凡与珠宝商打交道的非富即贵、消息灵通，刘蕴古因此获取了不少信息。

不仅如此。因为是从北方过来的，刘蕴古与人交流时，喜谈宋金军政大事，常常表现出对金国政治黑暗的不满；又说如果南宋朝廷能任用他的话，那么"取中原，灭大金，直易事耳"。淮南西路地处抗金的前沿，此时完颜亮正蠢蠢欲动，准备发动对南宋的战争。南宋方面也急于了解金国内情，现在来了这么个熟知金国国情又痛恨金国统治的人，自然让安丰军使等一众官员很是高兴。他们把刘蕴古的情况向朝廷做了汇报。

朝廷呢，这时候还是宋高宗在位，也就是那个冤杀岳飞的皇帝当政，文才不错，政治昏庸。他听说有这么个人，就下诏将刘蕴古召到临安①，派人向刘蕴古问询了一些情况。刘蕴古则将金国政治如何腐败、他两次科考不中等说辞对来人讲了一遍。宋高宗也就彻底信了，授予他迪功郎一职。迪功郎，从九品，职位很低。但刘蕴古从一介草民跃升至官员行列，这为他打探情报又提供了便利。他不久又被任命为浙江西路安抚司的属官，参知军政事务，他更是感觉自己时运到了。

和一般间谍行事隐蔽、低调不同，刘蕴古不知是个性使然，还是借高调表"忠心"以掩人耳目的缘故，反正他表现欲甚强。这也让他的底细逐渐暴露出来。他常常在朝堂上口若悬河，纵论抗金策略，很是引人注目，大家都把他当奇人看待。不久，1161年底，完颜亮南侵失败，被部下杀死，刘蕴古就索性留在了南宋。

公元1163年，朝廷决定征募万余壮丁在淮南西路濠州一带屯田戍边。刘蕴古听说后，就自告奋勇表示愿意率领这万余壮丁去屯垦守

---

① 南宋都城，今杭州。

边，而且还说要去抗击金人、立功边关，不让他们老死田间。言词很是恳切。

他的这番表现得到了尚书左仆射、同平章事兼枢密使陈康伯、同知枢密院使张焘、同知枢密院使辛次膺等军政要员的赞赏。但他没逃过尚书右仆射史浩的眼光。史浩思来想去，越来越感觉刘蕴古不对劲。他肯定地说："这一定是奸人诈降为金人当间谍，因为朝廷防范严密，致使他技无所使，便想借这万人返回金国。"

史浩为人之直、处事之密在朝堂上是人尽皆知的。他派手下召来刘蕴古，劈头问道："当初汉之樊哙想率十万人平定匈奴，议者都以为他是说大话，误国害民，要处死他。现在你带着这区区一万多人，能做什么呢？"

刘蕴古本以为枢密使们都同意了自己的建议，史浩召自己来，一定有好事，没想到一见面，却给了他一个下马威。他大惊失色，嗫嚅着说道："我没有别的意思。这一万人都是游民，他们的家眷都在南方，假使我有异心，他们肯定不为我所用。不如让我带他们去试一试，说不定能够成功呢。"

史浩紧盯着问道："我知道你的意思了。只是有一点我不明白，这一万多人的家眷不在北方，可贵家眷又在何处呢？"这一问，直接戳到了刘蕴古的心窝，因为他的父母兄弟妻子孩子，都还在幽燕之地。他自知失言，惶恐不已，悻悻而退。

刘蕴古的这一不同寻常的表现，更坚定了史浩对他的怀疑，他想带人到濠州屯垦的想法当然也就胎死腹中了。

但这只是史浩个人的判断，没有真凭实据。刘蕴古又常常侈言北伐、恢复中原，多数人不仅不认为他是金国间谍，反而视他为忠君爱国的南渡之人。南宋北伐主将张浚①就是这样认为的。他因抗金需要，将刘蕴古调到太平府，在都督府中参赞军务。

其实，也并非只有史浩一人发现刘蕴古的行迹异常。武将中有位名叫魏仲昌的，也注意到了刘蕴古的端倪。话说临安西湖东南，有山横亘其间，左带钱塘江，右瞰西湖，春秋时为吴越争战地，故称吴山；或说因伍子胥在此练兵备战，人讹伍为吴，遂称吴山。山有子胥祠，香火甚旺。某日，刚到临安不久的刘蕴古踏访吴山，游子胥祠，忽见祠堂门楣上有贴金匾额，极耀目，系某富翁所捐。刘蕴古遂对主事讲，先前我曾许过一愿，当在此捐献一匾，以慰平生。主事是个势利人，他见新晋"迪功郎"有此要求，便把那个富人捐的匾额取了下来，换上了刘蕴古题写的新匾，落款处还写上了刘蕴古的官阶和姓名。

以前的匾额金碧辉煌，很是气派；现在的则粗糙简陋，毫无看相。两者差别十分明显，且附上了自己的官职和姓名，这是不懂题匾的规范，还是别有"讲究"呢？临安百姓为此议论纷纷。

魏仲昌时任右武大夫。他听到人们的议论，分析说："这道理也不难，此人当是一个细作。为什么这么说呢？因为间谍入境，不止一人。刘蕴古将自己的名字显露在公共场所，是为了告诉他的同伙，他到这里来了。"

听的人都笑着摇头走开了，他们根本不相信天底下还有这样的间谍。

但纸终是包不住火的。1165年，刘蕴古派仆人骆昂北归。在过关卡时，骆昂被官兵拿下，从他的身上搜出了刘蕴古写给家人的多封信件，里面夹杂着大量南宋的军事机密。于是朝廷下旨，处死了间谍刘蕴古。

刘蕴古终于以机事不密丢了性命。

---

① 大儒张栻之父。

《孙子兵法》原文

【第一：计篇】

孙子曰：兵者，国之大事，死生之地，存亡之道，不可不察也。

故经之以五事，校之以计，而索其情：一曰道，二曰天，三曰地，四曰将，五曰法。

道者，令民与上同意也，可与之死，可与之生，而不畏危也；天者，阴阳、寒暑、时制也；地者，高下、远近、险易、广狭、死生也；将者，智、信、仁、勇、严也；法者，曲制、官道、主用也。

凡此五者，将莫不闻，知之者胜，不知之者不胜。故校之以计，而索其情，曰：主孰有道？将孰有能？天地孰得？法令孰行？兵众孰强？士卒孰练？赏罚孰明？吾以此知胜负矣。

将听吾计，用之必胜，留之；将不听吾计，用之必败，去之。计利以听，乃为之势，以佐其外。势者，因利而制权也。

兵者，诡道也。故能而示之不能，用而示之不用，近而示之远，远而示之近。利而诱之，乱而取之，实而备之，强而避之，怒而挠之，卑而骄之，逸而劳之，亲而离之，攻其无备，出其不意。此兵家之胜，不可先传也。

夫未战而庙算胜者，得算多也；未战而庙算不胜者，得算少也。多算胜，少算不胜，而况于无算乎？吾以此观之，胜负见矣。

【第二：作战篇】

孙子曰：凡用兵之法，驰车千驷，革车千乘，带甲十万，千里馈粮，则内外之费，宾客之用，胶漆之材，车甲之奉，日费千金，然后十万之师举矣。

其用战也贵胜，久则钝兵挫锐，攻城则力屈，久暴师则国用不足。夫钝兵挫锐，屈力殚货，则诸侯乘其弊而起，虽有智者，不能善其后矣。

故兵闻拙速，未睹巧之久也。夫兵久而国利者，未之有也。故不尽知用兵之害者，则不能尽知用兵之利也。

善用兵者，役不再籍，粮不三载，取用于国，因粮于敌，故军食可足也。

国之贫于师者远输，远输则百姓贫。近于师者贵卖，贵卖则百姓财竭，财竭则急于丘役。力屈、财殚，中原内虚于家。百姓之费，十去其七；公家之费，破车罢马，甲胄矢弩，戟盾蔽橹，丘牛大车，十去其六。

故智将务食于敌，食敌一钟，当吾二十钟；蒽秆一石，当吾二十石。

故杀敌者，怒也；取敌之利者，货也。故车战，得车十乘已上，赏其先得者，而更其旌旗，车杂而乘之，卒善而养之，是谓胜敌而益强。

故兵贵胜，不贵久。故知兵之将，民之司命，国家安危之主也。

【第三：谋攻篇】

孙子曰：凡用兵之法，全国为上，破国次之；全军为上，破军次之；全旅为上，破旅次之；全卒为上，破卒次之；全伍为上，破伍次之。是故百战百胜，非善之善者也；不战而屈人之兵，善之善者也。

故上兵伐谋，其次伐交，其次伐兵，其下攻城。攻城之法为不得已。修橹轒辒，具器械，三月而后成，距堙又三月而后已。将不胜其忿，而蚁附之，杀士三分之一，而城不拔者，此攻之灾也。

故善用兵者，屈人之兵而非战也，拔人之城而非攻也，破人之国而非久也，必以全争于天下，故兵不顿而利可全，此谋攻之法也。

故用兵之法，十则围之，五则攻之，倍则分之，敌则能战之，少则能逃之，不若则能避之。故小敌之坚，大敌之擒也。

夫将者，国之辅也，辅周则国必强，辅隙则国必弱。故君之所以患于军者三：不知军之不可以进而谓之进，不知军之不可以退而谓之退，是谓縻军；不知三军之事，而同三军之政者，则军士惑矣；不知三军之权而同三军之任，则军士疑矣。三军既惑且疑，则诸侯之难至矣，是谓乱军引胜。

故知胜者有五：知可以战与不可以战者胜，识众寡之用者胜，上下同欲者胜，以虞待不虞者胜，将能而君不御者胜。此五者，知胜之道也。

故曰：知彼知己，百战不殆；不知彼而知己，一胜一负；不

知彼，不知己，每战必殆。

【第四：军形篇】

孙子曰：昔之善战者，先为不可胜，以待敌之可胜。不可胜在己，可胜在敌。故善战者，能为不可胜，不能使敌之可胜。故曰：胜可知，而不可为。

不可胜者，守也。可胜者，攻也。守则不足，攻则有余。善守者，藏于九地之下。善攻者，动于九天之上。故能自保而全胜也。

见胜不过众人之所知，非善之善者也。战胜而天下曰善，非善之善者也。故举秋毫不为多力，见日月不为明目，闻雷霆不为聪耳。

古之所谓善战者，胜于易胜者也。故善战者之胜也，无智名，无勇功。故其战胜不忒。不忒者，其所措必胜，胜已败者也。故善战者，立于不败之地，而不失敌之败也。

是故胜兵先胜而后求战，败兵先战而后求胜。善用兵者，修道而保法，故能为胜败之政。

兵法：一曰度，二曰量，三曰数，四曰称，五曰胜。地生度，度生量，量生数，数生称，称生胜。故胜兵若以镒称铢，败兵若以铢称镒。胜者之战民也，若决积水于千仞之溪者，形也。

【第五：兵势篇】

孙子曰：凡治众如治寡，分数是也。斗众如斗寡，形名是也。三军之众，可使必受敌而无败者，奇正是也。兵之所加，如以碫投卵者，虚实是也。

凡战者，以正合，以奇胜。故善出奇者，无穷如天地，不竭如江河。终而复始，日月是也；死而复生，四时是也。声不过五，五声之变，不可胜听也。色不过五，五色之变，不可胜观也。味不过五，五味之变，不可胜尝也。

战势不过奇正，奇正之变，不可胜穷也。奇正相生，如循环之无端，孰能穷之？

激水之疾，至于漂石者，势也。鸷鸟之疾，至于毁折者，节也。是故善战者，其势险，其节短，势如彍弩，节如发机。

纷纷纭纭，斗乱而不可乱也。浑浑沌沌，形圆而不可败也。乱生于治，怯生于勇，弱生于强。治乱，数也；勇怯，势也；强弱，形也。

故善动敌者，形之，敌必从之；予之，敌必取之；以利动之，以卒待之。

故善战者，求之于势，不责于人，故能择人而任势。任势者，其战人也，如转木石。木石之性，安则静，危则动，方则止，圆则行。故善战人之势，如转圆石于千仞之山者，势也。

【第六：虚实篇】

孙子曰：凡先处战地而待敌者佚，后处战地而趋战者劳。故善战者，致人而不致于人。

能使敌人自至者，利之也。能使敌人不得至者，害之也。故敌佚能劳之，饱能饥之，安能动之。出其所不趋，趋其所不意。行千里而不劳者，行于无人之地也。攻而必取者，攻其所不守也。守而必固者，守其所不攻也。

故善攻者，敌不知其所守；善守者，敌不知其所攻。微乎微乎，至于无形，神乎神乎，至于无声，故能为敌之司命。

进而不可御者，冲其虚也；退而不可追者，速而不可及也。故我欲战，敌虽高垒深沟，不得不与我战者，攻其所必救也；我不欲战，画地而守之，敌不得与我战者，乖其所之也。

故形人而我无形，则我专而敌分。我专为一，敌分为十，是以十攻其一也，则我众而敌寡。能以众击寡者，则吾之所与战者，约矣。

吾所与战之地不可知。不可知，则敌所备者多。敌所备者多，则吾与所战者，寡矣。

故备前则后寡，备后则前寡，备左则右寡，备右则左寡，无所不备，则无所不寡。寡者，备人者也；众者，使人备己者也。

故知战之地，知战之日，则可千里而会战。不知战之地，不知战之日，则左不能救右，右不能救左，前不能救后，后不能救前，而况远者数十里，近者数里乎？以吾度之，越人之兵虽多，亦奚益于胜败哉？故曰：胜可为也。敌虽众，可使无斗。

故策之而知得失之计，作之而知动静之理，形之而知死生之地，角之而知有余不足之处。

故形兵之极，至于无形；无形则深间不能窥，智者不能谋。因形而错胜于众，众不能知；人皆知我所以胜之形，而莫知吾所以制胜之形。故其战胜不复，而应形于无穷。

夫兵形象水，水之形，避高而趋下；兵之形，避实而击虚。水因地而制流，兵因敌而制胜。故兵无常势，水无常形；能因敌变化而取胜者，谓之神。故五行无常胜，四时无常位，日有短

长，月有死生。

【第七：军争篇】

孙子曰：凡用兵之法：将受命于君，合军聚众，交和而舍，莫难于军争。军争之难者，以迂为直，以患为利。故迂其途而诱之以利，后人发，先人至，此知迂直之计者也。

故军争为利，军争为危。举军而争利则不及，委军而争利，则辎重捐。是故卷甲而趋，日夜不处，倍道兼行，百里而争利，则擒三将军，劲者先，疲者后，其法十一而至；五十里而争利，则蹶上将军，其法半至；三十里而争利，则三分之二至。是故军无辎重则亡，无粮食则亡，无委积则亡。

故不知诸侯之谋者，不能豫交；不知山林、险阻、沮泽之形者，不能行军；不用乡导者，不能得地利。

故兵以诈立，以利动，以分合为变者也。故其疾如风，其徐如林，侵掠如火，不动如山，难知如阴，动如雷震，掠乡分众，廓地分利，悬权而动。先知迂直之计者胜，此军争之法也。

《军政》曰："言不相闻，故为之金鼓；视不相见，故为之旌旗。"夫金鼓旌旗者，所以一人之耳目也。人既专一，则勇者不得独进，怯者不得独退，此用众之法也。故夜战多火鼓，昼战多旌旗，所以变人之耳目也。

故三军可夺气，将军可夺心。是故朝气锐，昼气惰，暮气归。故善用兵者，避其锐气，击其惰归，此治气者也。以治待乱，以静待哗，此治心者也。以近待远，以佚待劳，以饱待饥，此治力者也。无邀正正之旗，勿击堂堂之阵，此治变者也。

故用兵之法，高陵勿向，背丘勿逆，佯北勿从，锐卒勿攻，饵兵勿食，归师勿遏，围师必阙，穷寇勿迫，此用兵之法也。

【第八：九变篇】

孙子曰：凡用兵之法，将受命于君，合军聚众，氾地无舍，衢地交合，绝地无留，围地则谋，死地则战。

涂有所不由，军有所不击，城有所不攻，地有所不争，君命有所不受。故将通于九变之利者，知用兵矣；将不通于九变之利者，虽知地形，不能得地之利矣；治兵不知九变之术，虽知五利，不能得人之用矣。

是故智者之虑，必杂于利害，杂于利而务可信也，杂于害而患可解也。是故屈诸侯者以害，役诸侯者以业，趋诸侯者以利。

故用兵之法，无恃其不来，恃吾有以待也；无恃其不攻，恃

吾有所不可攻也。

故将有五危，必死，可杀也；必生，可虏也；忿速，可侮也；廉洁，可辱也；爱民，可烦也。凡此五危，将之过也，用兵之灾也。覆军杀将，必以五危，不可不察也。

【第九：行军篇】

孙子曰：凡处军、相敌：绝山依谷，视生处高，战隆无登，此处山之军也。绝水必远水；客绝水而来，勿迎之于水内，令半济而击之，利；欲战者，无附于水而迎客；视生处高，无迎水流，此处水上之军也。绝斥泽，惟亟去无留；若交军于斥泽之中，必依水草而背众树，此处斥泽之军也。平陆处易，而右背高，前死后生，此处平陆之军也。凡此四军之利，黄帝之所以胜四帝也。

凡军好高而恶下，贵阳而贱阴，养生而处实，军无百疾，是谓必胜。丘陵堤防，必处其阳而右背之。此兵之利，地之助也。上雨，水沫至，欲涉者，待其定也。

凡地有绝涧、天井、天牢、天罗、天陷、天隙，必亟去之，勿近也。吾远之，敌近之；吾迎之，敌背之。军行有险阻、潢井、葭苇、山林、翳荟者，必谨覆索之，此伏奸之所处也。

敌近而静者，恃其险也；远而挑战者，欲人之进也；其所居易者，利也；众树动者，来也；众草多障者，疑也；鸟起者，伏也；兽骇者，覆也；尘高而锐者，车来也；卑而广者，徒来也；散而条达者，樵采也；少而往来者，营军也。

辞卑而益备者，进也；辞强而进驱者，退也；轻车先出居其侧者，陈也；无约而请和者，谋也；奔走而陈兵者，期也；半进半退者，诱也；杖而立者，饥也；汲而先饮者，渴也；见利而不进者，劳也；鸟集者，虚也；夜呼者，恐也。军扰者，将不重也；旌旗动者，乱也；吏怒者，倦也；杀马肉食者，军无粮也；悬缸不返其舍者，穷寇也；谆谆翕翕，徐与人言者，失众也；数赏者，窘也；数罚者，困也；先暴而后畏其众者，不精之至也；来委谢者，欲休息也。兵怒而相迎，久而不合，又不相去，必谨察之。

兵非贵益多也，惟无武进，足以并力、料敌、取人而已。夫惟无虑而易敌者，必擒于人。

卒未亲附而罚之，则不服，不服则难用也。卒已亲附而罚不行，则不可用也。故令之以文，齐之以武，是谓必取。令素行以教其民，则民服；令素不行以教其民，则民不服。令素行者，与众相得也。

【第十：地形篇】

孙子曰：地形有通者、有挂者、有支者、有隘者、有险者、有远者。我可以往，彼可以来，曰通。通形者，先居高阳，利粮道，以战则利。可以往，难以返，曰挂。挂形者，敌无备，出而胜之，敌若有备，出而不胜，难以返，不利。我出而不利，彼出而不利，曰支。支形者，敌虽利我，我无出也，引而去之，令敌半出而击之，利。隘形者，我先居之，必盈之以待敌；若敌先居之，盈而勿从，不盈而从之。险形者，我先居之，必居高阳以待敌；若敌先居之，引而去之，勿从也。远形者，势均，难以挑战，战而不利。凡此六者，地之道也，将之至任，不可不察也。

故兵有走者、有弛者、有陷者、有崩者、有乱者、有北者。凡此六者，非天之灾，将之过也。夫势均，以一击十，曰走；卒强吏弱，曰弛；吏强卒弱，曰陷；大吏怒而不服，遇敌怼而自战，将不知其能，曰崩；将弱不严，教道不明，吏卒无常，陈兵纵横，曰乱；将不能料敌，以少合众，以弱击强，兵无选锋，曰北。凡此六者，败之道也，将之至任，不可不察也。

夫地形者，兵之助也。料敌制胜，计险厄远近，上将之道也。知此而用战者必胜，不知此而用战者必败。故战道必胜，主曰无战，必战可也；战道不胜，主曰必战，无战可也。故进不求名，退不避罪，唯人是保，而利合于主，国之宝也。

视卒如婴儿，故可以与之赴深溪；视卒如爱子，故可与之俱死。厚而不能使，爱而不能令，乱而不能治，譬若骄子，不可用也。

知吾卒之可以击，而不知敌之不可击，胜之半也；知敌之可击，而不知吾卒之不可以击，胜之半也；知敌之可击，知吾卒之可以击，而不知地形之不可以战，胜之半也。

故知兵者，动而不迷，举而不穷。故曰：知彼知己，胜乃不殆；知天知地，胜乃可全。

【第十一：九地篇】

孙子曰：用兵之法，有散地，有轻地，有争地，有交地，有衢地，有重地，有泛地，有围地，有死地。诸侯自战其地者，为散地；入人之地不深者，为轻地；我得亦利，彼得亦利者，为争地；我可以往，彼可以来者，为交地；诸侯之地三属，先至而得天下众者，为衢地；入人之地深，背城邑多者，为重地；山林、险阻、沮泽，凡难行之道者，为泛地；所由入者隘，所从归者迂，彼寡可以击吾之众者，为围地；疾战则存，不疾战则亡者，为死地。

是故散地则无战，轻地则无止，争地则无攻，交地则无绝，衢地则合交，重地则掠，泛地则行，围地则谋，死地则战。

所谓古之善用兵者，能使敌人前后不相及，众寡不相恃，贵贱不相救，上下不相收，卒离而不集，兵合而不齐。

合于利而动，不合于利而止。

敢问：敌众整而将来，待之若何？曰：先夺其所爱，则听矣。

兵之情主速，乘人之不及，由不虞之道，攻其所不戒也。

凡为客之道：深入则专，主人不克；掠于饶野，三军足食；谨养而勿劳，并气积力；运兵计谋，为不可测。投之无所往，死且不北。死焉不得，士人尽力。兵士甚陷则不惧，无所往则固，深入则拘，不得已则斗。是故其兵不修而戒，不求而得，不约而亲，不令而信，禁祥去疑，至死无所之。吾士无余财，非恶货也；无余命，非恶寿也。令发之日，士卒坐者涕沾襟，卧者涕交颐，投之无所往者，诸、刿之勇也。

故善用兵者，譬如率然。率然者，常山之蛇也。击其首则尾至，击其尾则首至，击其中则首尾俱至。敢问：兵可使如率然乎？曰：可。夫吴人与越人相恶也，当其同舟而济而遇风，其相救也，如左右手。是故方马埋轮，未足恃也；齐勇若一，政之道也；刚柔皆得，地之理也。故善用兵者，携手若使一人，不得已也。

将军之事，静以幽，正以治。能愚士卒之耳目，使之无知；易其事，革其谋，使人无识；易其居，迂其途，使民不得虑。帅与之期，如登高而去其梯；帅与之深入诸侯之地，而发其机，焚舟破釜。若驱群羊，驱而往，驱而来，莫知所之。聚三军之众，投之于险，此谓将军之事也。九地之变，屈伸之利，人情之理，不可不察也。

凡为客之道：深则专，浅则散。去国越境而师者，绝地也；四达者，衢地也；入深者，重地也；入浅者，轻地也；背固前隘者，围地也；无所往者，死地也。是故散地，吾将一其志；轻地，吾将使之属；争地，吾将趋其后；交地，吾将谨其守；衢地，吾将固其结；重地，吾将继其食；氾地，吾将进其涂；围地，吾将塞其阙；死地，吾将示之以不活。故兵之情：围则御，不得已则斗，过则从。

是故不知诸侯之谋者，不能预交；不知山林、险阻、沮泽之形者，不能行军；不用乡导，不能得地利。四五者，一不知，非霸、王之兵也。夫霸、王之兵，伐大国，则其众不得聚；威加于敌，则其交不得合。是故不争天下之交，不养天下之权，信己之私，威加于敌，故其城可拔，其国可隳。

施无法之赏，悬无政之令，犯三军之众，若使一人。犯之以事，勿告以言；犯之以利，勿告以害。投之亡地然后存，陷之死地然后生。夫众陷于害，然后能为胜败。

故为兵之事，在于顺详敌之意，并敌一向，千里杀将，是谓巧能成事也。

是故政举之日，夷关折符，无通其使，厉于廊庙之上，以诛其事。敌人开阖，必亟入之。先其所爱，微与之期。践墨随敌，以决战争。是故始如处女，敌人开户；后如脱兔，敌不及拒。

【第十二：火攻篇】

孙子曰：凡火攻有五：一曰火人，二曰火积，三曰火辎，四曰火库，五曰火队。

行火必有因，烟火必素具。发火有时，起火有日。时者，天之燥也。日者，月在箕、壁、翼、轸也。凡此四宿者，风起之日也。

凡火攻，必因五火之变而应之：火发于内，则早应之于外。火发而其兵静者，待而勿攻，极其火力，可从而从之，不可从而止。火可发于外，无待于内，以时发之。火发上风，无攻下风。昼风久，夜风止。凡军必知五火之变，以数守之。

故以火佐攻者明，以水佐攻者强。水可以绝，不可以夺。

夫战胜攻取而不修其功者凶，命曰"费留"。故曰：明主虑之，良将慎之，非利不动，非得不用，非危不战。

主不可以怒而兴师，将不可以愠而致战；合于利而动，不合于利而止。怒可以复喜，愠可以复悦，亡国不可以复存，死者不可以复生。故明君慎之，良将警之。此安国全军之道也。

【第十三：用间篇】

孙子曰：凡兴师十万，出征千里，百姓之费，公家之奉，日费千金。内外骚动，怠于道路，不得操事者，七十万家。相守数年，以争一日之胜，而爱爵禄百金，不知敌之情者，不仁之至也，非民之将也，非主之佐也，非胜之主也。

故明君贤将，所以动而胜人，成功出于众者，先知也。先知者，不可取于鬼神，不可象于事，不可验于度，必取于人，知敌之情者也。

故用间有五：有因间，有内间，有反间，有死间，有生间。五间俱起，莫知其道，是谓神纪，人君之宝也。因间者，因其乡人而用之；内间者，因其官人而用之；反间者，因其敌间而用之；死间者，为诳事于外，令吾间知之而传于敌间也；生间者，反报也。

故三军之事，莫亲于间，赏莫厚于间，事莫密于间。非圣智不能用间，非仁义不能使间，非微妙不能得间之实。微哉微哉！无所不用间也。间事未发而先闻者，间与所告者皆死。凡军之所欲击，城之所欲攻，人之所欲杀，必先知其守将、左右、谒者、门者、舍人之姓名，令吾间必索知之。

必索敌人之间来间我者，因而利之，导而舍之，故反间可得而用也；因是而知之，故乡间、内间可得而使也；因是而知之，故死间为诳事，可使告敌；因是而知之，故生间可使如期。五间之事，主必知之，知之必在于反间，故反间不可不厚也。

昔殷之兴也，伊挚在夏；周之兴也，吕牙在殷。故惟明君贤将能以上智为间者，必成大功。此兵之要，三军之所恃而动也。

后　记

大约两年前，有出版界的好友给我建议说，你写一本关于《孙子兵法》的故事书，怎么样？初听此言，我是有些犹豫的。为什么？因为自春秋末期《孙子兵法》问世以来，这本讲"谋略"的书，被人关注得太多了，仅注解方面，古时曹操、杜佑、杜牧等都曾下过一番心力，现代杨炳安、陈曦、黄朴民等也都加进了许多自己的解读。以我寡陋之见，这方面的著作就达几十种之多。至于拿《孙子兵法》说事的著作，具体有多少，我不知道，如果用"书山"来形容，应该是不为过的。这样，在诸多前作面前，我的写作就面临着下列几个问题：这本书写给哪些读者看？其"新颖"之处在哪里？撰写、出版它的意义又在哪里？

与编辑友人沟通多次后，我便遵循给中小学生讲故事、不讲"诡道"的原则，去构思书稿、选择战例。应该说，在这个过程中，我是严肃的、审慎的、用了心力的，为了使战例、史实准确，我认真研读过相关中外典籍的原文。只是由于忙于杂务，书稿迟至现在才与读者见面，颇有点结秋葫芦的味道。但不管怎样，沉淀下来的东西，大约是会有价值的，对此我还是有信心的。

到底情况如何，相信读者诸君是自有判断的。

2024 年 6 月 23 日于藏龙岛